D0520751

La casa vintage

JUDITH WILSON

La casa vintage

TESOROS CON ESTILO PARA UN HOGAR MUY CHIC Y ACTUAL

OCEANO AMBAR

Edición original de Jacqui Small Publishing LLP (Aurum Press), Londres

© 2008, by Judith Wilson, textos
© 2008 Jacqui Small, fotografía, diseño y maqueta
© 2009 Editorial Océano, S. L.
Grupo Océano
Milanesat, 21-23 – 08017 Barcelona
Tel.: 93 280 20 20* Fax: 93 203 17 91
www.oceano.com

Traducción al español: © Mónica Campos, 2009
Edición a cargo de Esther Sanz

Impreso en China

ISBN: 978-84-7556-624-5

Índice

El vintage es uno de los estilos decorativos que más atraen a los aficionados al interiorismo. Una meditada mezcla de mobiliario envejecido, tejidos retro y accesorios que tanto pueden vestir un interior campestre como dar un toque atrevido a un espacio moderno. El fenómeno vintage se ha convertido en el niño mimado del mundo de la moda y la decoración. Esos trastos arrinconados de ayer se han convertido ahora en objetos deseados y hasta en ocasiones muy cotizados. Y es que el mobiliario del diseñador vintage ha alcanzado un estatus de culto con precios elevados. Pero si aprendemos a rebuscar con paciencia y buen ojo en mercadillos y tiendas de viejo, podemos encontrar verdaderas gangas para decorar nuestro hogar con este inimitable estilo.

Puede que nos hayamos cansado de los productos estandarizados, puede que no queramos tener los mismos muebles que el vecino, puede que busquemos ese toque original, divertido y diferente para nuestro hogar. Cualquiera que sea la razón, el vintage atrae cada vez a más gente y son muchos los comerciantes y sitios web especializados que ya se han apuntado a la moda retro.

Además, ese énfasis en recuperar y reutilizar del vintage está en perfecta sintonía con la conciencia actual. Siempre se han valorado las piezas antiguas, pero el vintage va más allá. Busca darle una segunda oportunidad a todo tipo de muebles, telas, lámparas y accesorios en una firme apuesta por la sostenibilidad y la contención del gasto en unos tiempos tan marcados por la crisis. Decantarse por el vintage significa hacer de tu hogar algo único. Atesorar cosas viejas, con su inherente sentido de la historia, confiere profundidad y carácter. Así que anímate a crear tu propio hogar vintage y aprende a darle ese toque nostálgico, original y personal. Sigue leyendo y descubre cómo conseguirlo.

DERECHA: Para conseguir un ambiente ecléctico, es importante combinar artículos vintage con la pieza moderna de turno. En este apartamento francés, un suelo desgastado y unos revestimientos pintados se combinan con unas clásicas sillas Charles & Ray Eames y una mesa actual.

Escoge tu estilo

EN ESTA PÁGINA: El mobiliario vintage combina el atractivo de las piezas usadas con un toque sorprendentemente moderno. Aquí se recrea el ambiente de una casa típica de los años sesenta, con muebles propios de la época combinados con una tapicería de líneas definidas que también aporta carácter.

Con el estilo vintage puedes realzar cualquier tipo de hogar. Incorporando unas cuantas piezas raídas por el tiempo conseguirás darle el toque de un determinado periodo histórico, incluso puedes suavizar un espacio excesivamente frío y moderno con algún detalle del pasado. La recuperación y reutilización de piezas decorativas es todo un arte en el mundo del interiorismo. Una práctica sostenible y divertida, ya que a veces encontraremos muebles y objetos vintage en los lugares más insospechados. Eso sí, recuerda que muchas de estas piezas son valiosas por su singularidad. Así que conviene manipularlas con extremado cuidado y mantenerlas en perfecto estado de conservación.

El vintage es fácil de combinar y accesible a todos los bolsillos. A menos que estés buscando invertir en mobiliario muy específico, resulta relativamente sencillo conseguir accesorios únicos sin pasarse del presupuesto. Es un estilo bastante libre, no sigue un programa predeterminado sino que se caracteriza por su sabor destartalado e informal. Y además puede interpretarse como convenga: hay un relajado vintage campestre, un sofisticado vintage retro, un audaz vintage urbano...

Cómo hacerte con piezas vintage dependerá de tu bolsillo y gustos personales. Si andas justo de tiempo puedes pedir la ayuda de algún especialista. Pero si te encanta rebuscar en las tiendas de viejo, te aseguro que el vintage se convertirá en tu afición más apasionada.

ENFRENTE, ARRIBA A LA IZQUIERDA: Mezclar estilos y épocas resulta divertido. Aquí, un papel pintado original de los sesenta se combina con mobiliario de Eero Saarinen y un espejo kitsch.

ENFRENTE, ARRIBA A LA DERECHA: Con los detalles adecuados puedes lograr esta simpática atmósfera de los setenta.

ENFRENTE, CENTRO A LA IZQUIERDA: Una gráfica alfombra de los cuarenta unifica el conjunto tan dispar de este espacio.

ENFRENTE, CENTRO A LA DERECHA: Aquí se han atrevido a combinar una silla Charles y Ray Eames del siglo XX con un maltrecho armario de metal.

ENFRENTE, ABAJO A LA IZQUIERDA: El blanco y el negro quedan bien en un baño pequeño y combinados con apliques de metal.

ENFRENTE, ABAJO A LA DERECHA: Una pátina desgastada puede resultar muy decorativa, como esta silla Arne Jacobsen de los cincuenta que todavía conserva todo su encanto.

¿POR QUÉ EL VINTAGE?

Cualquiera que haya amueblado una vivienda sabrá lo caro que resulta si no controlamos el presupuesto. Además, puede convertirse en algo bastante aburrido y monótono si no le ponemos ese toque personal que convierta nuestro hogar en algo diferente y especial.

Si en lugar de un piso nuevo, se trata de una mudanza, seguramente tendremos muchos objetos y mobiliario heredados de la antigua casa. Pero da igual si empiezas de cero o ya tienes medio hogar decorado, la belleza del vintage se basa precisamente en esa mezcla supuestamente casual de estilos, acabados y formas. Y ya que gran parte de su impacto depende de las piezas, el vintage también es una buena opción si huyes de los interiores recargados.

ARQUITECTURA

Si tu hogar tiene un periodo arquitectónico dominante, éste puede servirte como inspiración para escoger todo tipo de piezas retro. Por ejemplo, una vivienda de los años veinte con habitaciones diminutas y ventanas de bisagra, pedirá a gritos un mobiliario de mediados del siglo XX que encaje con sus proporciones. Un almacén de ciudad reformado lucirá impresionante con muebles industriales recuperados a gran escala. Y una vivienda de los setenta será el almacén perfecto para una colección nostálgica de muebles y accesorios de esa década.

Pero tampoco se trata de amueblar fielmente un hogar para que se parezca a su época original. Emplea la arquitectura como un trampolín de inspiración y busca piezas que encajen con el aire predominante. Rompe las reglas y juega con los contrastes. Equipar un apartamento o una casa pulcramente pintada con piezas desgastadas, puede resultar impactante. Y si la arquitectura de tu casa es simplemente aburrida, el énfasis sobre determinadas piezas puede desviar la atención. La ubicación y los materiales de tu hogar también pueden darte una valiosa pista para encontrar una temática vintage. Por ejemplo, una casa de campo con suelo de madera y paredes enyesadas irregulares se verá estupenda con unos elegantes sofás raídos victorianos y el tejido desigual de unas cortinas de tapicería antigua. Para un bungaló a la orilla del mar, adquiere unas sillas y una mesa plegables para el comedor de estilo bistró y acabadas con pintura desconchada, o unas

IZQUIERDA: Esta granja americana del siglo XVIII, con su viejo suelo de madera y los techos bajos, se ha refrescado con unas viejas butacas recubiertas en fundas de cutí propias de la época. Una mesa de madera rayada completa el campestre conjunto vintage.

EN ESTA PÁGINA: Por el contrario, en este almacén reformado de Manhattan, una ecléctica mezcla de asientos del siglo XX y una moderna mesa hecha por encargo contribuyen a un ambiente vintage más urbano y masculino.

butacas tapizadas en una desteñida lona de rayas, para intensificar el ambiente playero.

Y si eres un auténtico apasionado de las piezas vintage (y el presupuesto te lo permite…), puedes incluso buscar una vivienda cuyo estilo arquitectónico encaje precisamente con esa colección de muebles y objetos que ya tienes, como por ejemplo una casa del siglo XIX para una cristalería del mismo siglo, o un edificio de estilo modernista para esos muebles diseñados en pleno siglo XX.

ECONÓMICO Y DIVERTIDO

El coste es una cuestión a tener en cuenta a la hora de amueblar una vivienda. Para los que anden justos de dinero, el estilo vintage puede resultar una alternativa barata y muy resultona. Ya no hay que avergonzarse por utilizar la alacena abandonada de la abuelita de los años sesenta, ni la mesa y las sillas de mamá, especialmente si las combinas con un toque moderno. Muchos hallazgos vintage son realmente baratos, si no gratuitos. Así que decorar con dicho estilo puede resultar muy

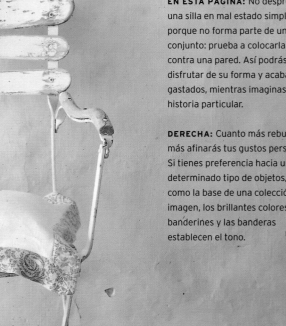

EN ESTA PÁGINA: No desprecies una silla en mal estado simplemente porque no forma parte de un conjunto: prueba a colocarla sola contra una pared. Así podrás disfrutar de su forma y acabado gastados, mientras imaginas su historia particular.

DERECHA: Cuanto más rebusques, más afinarás tus gustos personales. Si tienes preferencia hacia un determinado tipo de objetos, úsalo como la base de una colección. En la imagen, los brillantes colores de los banderines y las banderas establecen el tono.

EN ESTA PÁGINA: Si cuentas con un presupuesto algo ajustado, compra solamente una pieza clásica del siglo XX y exponla contra unas paredes blancas y lisas. En la imagen se muestra el clásico sofá PK31/2, de Poul Kjaerholm.

ENFRENTE, A LA IZQUIERDA: Las adquisiciones en tiendas de viejo o una colección original pueden organizarse en una exposición unitaria colocándolas en marcos idénticos. Estos minidiseños de ropa de punto aportan un toque desenfadado a la oficina doméstica.

ENFRENTE, A LA DERECHA: Si eres aficionado a cierto estilo o temática, puedes convertirlo en la base de la muestra. En esta habitación, una colección de ilustraciones de moda aportan carácter y elegancia.

económico. Eso no significa que tu hogar acabe mostrando un aspecto pobre o gris, como de tienda de segunda mano. ¡Todo lo contrario! El secreto está en encontrar el justo equilibrio. Anímate a invertir en algunas piezas clásicas firmadas por diseñadores reconocidos: piensa que muchas de las casas más elegantes y vanguardistas del mundo hacen alarde de una escogida colección de mobiliario y arte europeo y americano del siglo XX.

Y sobre todo acuérdate de pasarlo bien mientras decoras tu nuevo hogar vintage. No te obsesiones en identificar los clásicos del futuro y dedícate simplemente a adquirir todos aquellos muebles y complementos decorativos que realmente te lleguen al alma. Puede que alguna pieza te traiga recuerdos de la infancia, o simplemente porque es kitsch o tiene una forma o color inimitables en la actualidad. Si el estilo vintage tiene alguna temática común, la irreverencia, la experimentación libre y una total ausencia de pretensión son la clave.

PERSONAL

La nueva tendencia del interiorismo es el retorno a los hogares personalizados. ¿Quién no ha experimentado la emoción de visitar una casa y escuchar la historia de una mesa, pintura o jarrón en particular? Para crear un hogar único hay que evitar las compras en los grandes almacenes y los estilos de imitación retro, y sumergirse en el pasado en busca del objeto auténtico. Nadie más tendrá esa mesa de cóctel de los cincuenta o ese sofá danés de piel y palisandro de los sesenta. Del mismo modo, si dispones tus flores en un jarrón de cristal ahumado original de los setenta o sirves tus aperitivos en una tabla de quesos con azulejos, darás a tu hogar un sello personal.

Las compras personalizadas y los detalles hechos por ti mismo confieren un toque aún más original. Puedes coser pañuelos de seda para crear elegantes fundas de cojines, o convertir viejos moldes metálicos en divertidas lámparas colgantes con el cable forrado de delicada seda.

ARRIBA: Emplear muebles recuperados es la elección más ecológica y vanguardista. Las piezas viejas suelen estar muy bien hechas y la pátina de años inyecta un carácter que las nuevas no poseen.

DERECHA: No siempre es necesario volver a tapizar un viejo sofá. A veces, una tela ligeramente descolorida aporta suficiente encanto. Cubre la mancha o el agujero con parches de tela desteñida para darle a la pieza una segunda oportunidad.

VINTAGE ECOLÓGICO

Estamos aprendiendo a adoptar un estilo de vida más respetuoso con el medio ambiente. Comprar piezas recuperadas, reutilizar y reinventar viejos muebles, o pasar mobiliario de una generación a otra, son formas válidas de aportar nuestro granito de arena a la sostenibilidad del planeta, al igual que podemos intercambiar objetos o vender aquellos que ya no necesitamos en una página de anuncios por Internet. Si pruebas alguna de estas propuestas y te lo piensas dos veces antes de comprar algo nuevo, tendrás un hogar mucho más «verde».

REUTILIZAR MUEBLES VIEJOS

Cada pieza, cada mueble tiene una historia particular que contar, desde el suave desteñido de una alfombra turca al suspiro de los muelles de un viejo sofá. Las piezas vintage a menudo están bellamente elaboradas, de un modo poco visto en los artículos estandarizados de hoy día. Bucear en décadas pasadas también puede revelar estrafalarias piezas de mobiliario que no sabías que necesitabas. Piensa en un mueble bar de cristal ahumado, un carrito de teca o una mesa de centro de los setenta que incorpora un ingenioso revistero en un extremo. Lo importante es escoger piezas que tengan un estilo y carácter propios.

También es importante recordar que el mobiliario vintage no suele presentar un aspecto inmaculado: de hecho ahí reside gran parte de su encanto. Así que no intentes repararlo más de la cuenta... Si una pieza está en mal estado, necesitará atención, pero utiliza métodos tradicionales para repararla. Por ejemplo, si tienes un sofá retapizado, asegúrate de que se ha empleado relleno de lana y plumas, en lugar de espuma barata. Si se trata de una lámpara de pie, podrías emplear un cable de seda antes que uno de plástico. Tampoco tienes que descartar una pieza porque no forme parte de un juego, en su lugar, da comienzo a una interesante colección.

Puedes proporcionar al viejo mobiliario una bocanada de aire fresco personalizándolo con un toque ingenioso, ya sea añadiendo un nuevo tablero de acero esmaltado a una vieja mesa de cocina de pino o volviendo a tapizar un estropeado sofá Knole en tela tejana de color magenta. Ha surgido una nueva generación de tapiceros que se dedican a los métodos tradicionales y

que, a la vez, crean interesantes tendencias para viejos sofás y butacas. Utilizan cualquier cosa, desde tweed hasta mantas del ejército. Algunos anticuarios hacen igual, encargándose ellos mismos de renovar mobiliario bastante corriente de un modo divertido y atrevido, desde cubrir una reproducción de canapé estilo Luis XV con PVC de color brillante hasta pintar de tonos plateados una consola curvilínea de época.

TEJIDOS RECICLADOS

Hasta hace poco tiempo, casi nadie se planteaba la idea de reutilizar telas viejas, pero los tiempos han cambiado. Adopta la nueva elegancia del ahorro y piensa a qué podrías darle una segunda oportunidad. Corta unos voluminosos estores de chintz pasados de moda y empléalos para recubrir las sillas del comedor, o haz unas nuevas cortinas a partir de unas antiguas

sábanas de lino francés, tal vez cosidas con unos flecos reciclados. Las prendas que no se usan son otra fuente de inspiración. Por ejemplo, un jersey pasado de moda, puede transformarse en un pequeño cojín. Las tiendas de cortinas de segunda mano, eBay y los sitios web especializados en tejidos vintage son excelentes terrenos de caza; también para viejos adornos, encajes, botones, cuentas y cintas.

Y no desesperes si no tienes maña con la aguja; muchos jóvenes diseñadores se están especializando en crear bellos accesorios para el hogar empleando el vintage o telas recicladas. También puedes fijarte en accesorios de confección visitando sitios web ecológicos y, cada vez más, en las mismas tiendas. ¿No es más satisfactorio comprar una funda de cojín hecha con un viejo saco de grano, o una cuña para la puerta cosida de un par de tejanos viejos? Las telas lavadas y desteñidas tienen un atractivo que resulta perfecto para combinar con un interior destartalado-chic y los diseñadores utilizan el patchwork, el appliqué o el bordado para darles un nuevo aire.

Resulta especialmente excitante buscar telas estampadas vintage. Muchos especialistas en antigüedades del siglo XX venden telas retro al lado de los muebles y proporcionan información sobre su diseñador. Piezas originales y en buen estado de renombrados diseñadores, como Lucienne Day, están alcanzando precios elevados, pero aún es posible conseguir una ganga si el diseñador es desconocido. Los colores apagados, los estampados gráficos y los encantadores motivos infantiles de los cincuenta, sesenta y setenta lucen estupendos mezclados con muebles retro y modernos. Para un aspecto más delicado, puedes acudir a un comercio especializado en telas en busca de ropa blanca antigua o restos de serie con encanto.

A LA IZQUIERDA: Al tratarse de piezas únicas, es habitual que sólo puedas comprar telas recicladas o vintage en poca cantidad. Resultan ideales para confeccionar cortinas que cubran pequeñas ventanas. Aquí, una pieza de encaje antiguo aporta privacidad y filtra la luz.

EN ESTA PÁGINA: Piensa de forma creativa cuando se trate de tejidos vintage tales como chales o cubrecamas. En este apartamento finlandés, el edredón de patchwork de familia se ha transformado en una aparente cortina.

A LA IZQUIERDA: La atmósfera vintage retro combina perfectamente con la arquitectura del siglo XX. En este apartamento de Nueva York, unas clásicas sillas modelo Barcelona (1929) se han combinado con una moderna alfombra confeccionada con los colores típicos de los sesenta.

CUESTIÓN DE GUSTOS

Para los que se inician en el vintage, puede resultar algo complicado trabajar con un estilo retro. Aunque el vintage ofrece cierta libertad estilística (puedes mezclar periodos históricos y combinar formas y acabados), siempre conviene decidirse por una temática más amplia. Así que tómate tu tiempo para revisar la arquitectura de tu hogar, los artículos de los que ya dispones, tu forma de vida y los estilos que más te atraen. Acumula páginas arrancadas de revistas, frecuenta salas de exposición de antigüedades y escudriña influencias decorativas en todos aquellos lugares donde se haya empleado la línea vintage. Si te atraen los muebles con efecto espejo y las pantallas de seda con talle lo tuyo es el vintage boudoir; si te chiflan los almohadones de cutí y los aparadores de pintura desconchada, entonces opta por el vintage campestre. Sólo es cuestión de observar tus gustos y hacerles caso.

ARRIBA: Una casa en la costa es el lugar ideal para probar con un mobiliario reutilizado. Aquí, los listones pintados de machihembrado combinan confortablemente con unas sencillas y lisas piezas de madera.

VINTAGE CAMPESTRE

Relajado, bucólico y perfecto para las propiedades rústicas: este ambiente es muy sencillo de crear. El componente clave son los viejos maderos, tanto con una pátina generosa como con un acabado de pintura descolorida o desconchada. Mézclalo con texturas bastas, desde viejos tapices hasta butacas de cuero, combinadas con tablas de suelo enceradas o pintadas, baldosas de terracota o piedra de cantera, yeso pintado o paredes recubiertas de madera y encimeras de piedra. Añade telas de colores apagados, ya sean lisas o con rayas, cuadros y floreados desteñidos. No olvides el terciopelo desgastado o la tapicería de crin de caballo, las antiguas cortinas de lino y las fundas de cojín de cutí, así como las esteras de fibra natural o los viejos kilim desgastados para el suelo.

VINTAGE BOUDOIR

La belleza desgastada es el elemento unificador de este estilo. La atmósfera es glamurosa, por lo que es una opción especialmente apta para decorar dormitorios y cuartos de baño. También se trata de un estilo que funciona especialmente bien con los techos altos y los ventanales. Combínalo con anchas tablas de suelo pintadas, encimeras de mármol y mucho brillo, incluidos enormes espejos de pared. Utiliza acabados de pintura sutiles o un papel pintado vintage de tema floral en una o más paredes. Las formas redondeadas del mobiliario encajan bien con esta atmósfera, así que las imitaciones de los muebles dorados estilo Luis XV, las sillas de mimbre y los canapés generosos resultan ideales, al igual que los tocadores con efecto espejo de los años treinta y los pufs redondeados. Realza el ambiente con telas glamurosas: edredones de seda descolorida, cojines de terciopelo y detalles de encaje.

ARRIBA: Los detalles decorativos deben tener tanta importancia como las superficies principales. Aquí, un delicado tocador con recubrimiento de zapa, adornado con unas botellas de perfume vintage y unos cepillos montados en plata, aportan el glamour básico.

IZQUIERDA: Para obtener una atmósfera de vintage boudoir, es esencial introducir un estampado auténtico, por medio de papel pintado o tela. Busca motivos adamascados y estampados florales o botánicos y evita los elementos gráficos.

EN ESTA PÁGINA: Lograr un ambiente vintage boudoir depende de la correcta mezcla de texturas. Céntrate en reunir telas pesadas y ligeras, como terciopelo y raso viejo, y combínalas con bordados y encajes. Las telas vintage necesitan un cuidado extra, pero lucen fantásticas.

VINTAGE RETRO

El vintage retro, con un marcado énfasis en el estilo de mediados del siglo XX, es la elección ideal para aquellos que busquen una imagen fresca y con toques masculinos. Aquí el énfasis debería estar en la forma y el estilo del mobiliario y los accesorios retro, así que mantén la simplicidad de la decoración. Si quieres exhibir un elegante mobiliario modernista de los años treinta, prueba a combinarlo con una alfombra neutra y paredes pintadas de blanco o tonos pálidos. Para un ambiente más desenfadado, combina colores pastel brillantes con tejidos gráficos originales y una alfombra vintage con motivos abstractos. Encontrarás la inspiración para estos ambientes, acabados y superficies retro, en viejos libros de decoración o navegando en paginas especializadas de Internet.

ARRIBA: El vintage retro no es una simple cuestión de arquitectura del siglo XX. Aquí, el contraste que crea una clásica silla Barcelona de los años veinte colocada contra un recubrimiento de madera pintado del siglo XIX y una chimenea neoclásica recuperada, resulta especialmente impactante.

DERECHA: Algunos prefieren combinar los muebles y accesorios del periodo escogido con la arquitectura de su vivienda. En esta casa de los años treinta, incluso el mobiliario del dormitorio pertenece al mismo periodo.

IZQUIERDA: El secreto del estilo vintage urbano consiste en dar con la escala correcta. En un almacén rehabilitado, el mobiliario debe ser lo bastante grande y llamativo como para llenar el espacio, así que busca piezas grandes, tal vez recuperadas de una fábrica.

DERECHA: Para darle un toque más suave al vintage urbano, experimenta contrastando piezas curvilíneas (como esta reproducción de sofá estilo Luis XVI) con techos altos. Los tejidos exuberantes, como el terciopelo y el raso, también crean una tensión interesante entre las superficies más frías, como el hormigón.

VINTAGE URBANO

Si vives en un piso de ciudad y buscas darle un toque más atrevido al vintage, opta por una temática urbana. Apuesta por dicho estilo si te atraen los objetos retro desenfadados, como las taquillas y los escritorios metálicos de estilo americano de los cincuenta, los carteles metálicos o de neón, las piezas de fábrica como las estanterías de oficina de estilo victoriano o los enormes faroles industriales. Combínalos con superficies robustas, como el ladrillo visto o las paredes pintadas lisas, el cemento y los suelos de metal plastificado o de caucho. El vintage urbano es un estilo joven y desenfadado que resulta impactante con tan sólo unas cuantas piezas bien escogidas y a escala muy grande. Elige accesorios con matices kitsch y evita abusar de las telas.

Los interiores modernos y pulcros más actuales suelen estar presididos por paredes blancas lisas o de estuco, los suelos de piedra caliza o madera oscura, y las superficies de vidrio o acero inoxidable. Si quieres dar una imagen más atractiva a tu recién estrenado mobiliario o a tu flamante cocina a medida, una adquisición vintage extravagante le dará al conjunto monocorde una nueva dirección, más original y personal. Puedes reemplazar una pantalla de tambor lisa por una sencilla base de acero inoxidable con una pantalla hecha con tela estampada original de los sesenta, o bien enmarcar un cartel de película de los cuarenta para aportar color y estampado a una pared lisa. El truco está en empezar gradualmente y jugar con tus nuevas adquisiciones vintage de forma que la atmósfera vaya evolucionando poco a poco.

EN ESTA PÁGINA: Es esencial reunir cosas que te apasionen, pero intenta mantener un concepto decorativo amplio durante la compra. En el caso de esta lucida colección todas las piezas son representativas de la cultura popular de los cincuenta.

DERECHA: Puedes coleccionar un grupo de objetos de naturaleza similar, pero márcate un objetivo concreto de decoración. Como esta colección de espejos que transforma unas paredes lisas en un elemento impactante.

- HERGÉ -
★
LES AVENTURES DE
TINTIN
★
L'ÉTOILE MYSTÉRIEUSE

CADA PIEZA VINTAGE TIENE ALGO QUE CONTAR. PREGUNTA POR SU HISTORIA, O BUSCA EL NOMBRE DE UN ARTISTA O MARCA DE UN FABRICANTE QUE PUEDAS INVESTIGAR EN TU TIEMPO LIBRE.

IR DE COMPRAS

Acumular piezas vintage es divertido, pero requiere seguir unas cuantas reglas sencillas. Para empezar, tómate tu tiempo para investigar y conocer tus fuentes, y establece contacto personal con el mercadillo local o un sitio web de vintage. Un buen especialista rastrea mercados y subastas, por lo que puede tener los ojos abiertos para un objeto en particular que andes buscando. Fíjate un presupuesto y no te dejes llevar por los impulsos. Y escoge siempre algo por lo que te sientas realmente atraído, antes que comprar como simple inversión.

OBJETOS GRATIS
Ésta es la forma más barata y creativa de empezar una colección vintage. Explora en los contenedores o intercambia piezas con los amigos. Si no estás seguro del buen estado de conservación de un artículo, llévatelo de todos modos porque si otro día quieres volver a por él, puede que ya sea tarde. Si das con una pieza irreparable o demasiado frágil para el uso diario, tal vez podrías usarla para decorar. Un enorme, aunque roto, reloj de estación, por ejemplo, lucirá fantástico en una pared del jardín, o bien podrías repintar unos viejos marcos dorados en negro brillante y colgarlos juntos para que destaquen mucho más.

TIENDAS DE VIEJO
Los mercadillos y las tiendas de viejo ofrecen gran variedad de objetos, desde porcelana desconchada y con motivos florales hasta mantas escocesas de segunda mano, sillas de mimbre y óleos chillones. Parte de la diversión está en hacer una selección de las existencias,

TIENDAS DE ANTIGÜEDADES

Muchas tiendas de antigüedades suelen acumular muebles y accesorios retro y telas del siglo XX, y de esta forma los precios suben con extrema facilidad. Es fácil dejarse arrastrar, así que asegúrate de que realmente te gusta lo que quieres comprar y tómate tu tiempo para poder comparar precios. Investiga sobre el diseñador o fabricante en concreto, e incluso busca posibles marcas que ayuden a autentificarlo. Existen gran cantidad de libros dedicados a las antigüedades del siglo XX, y puede resultar una experiencia divertida documentarse para aprender a diferenciar entre las inevitables señales de desgaste por el uso y el auténtico deterioro. Aunque es interesante invertir en una pieza de diseñador de renombre rematada con su tapicería original, puede que tenga más sentido comprar un objeto retapizado si quieres usar el mueble cada día.

HACER UNA RÉPLICA

Si te faltan tiempo o ganas para rastrear tiendas de objetos de segunda mano y mercadillos, siempre puedes hacer trampas (en el buen sentido de la palabra, no hablamos de estafar a nadie...). Muchos establecimientos especializados ofrecen la posibilidad de comprar réplicas modernas de muebles y lámparas icónicas del siglo XX, desde una silla de comedor Eero Saarinen Tulip hasta una mesa auxiliar Eileen Gray. Pero asegúrate de comprar versiones de calidad, hechas a partir de las especificaciones originales, y no copias baratas. También se puede disponer de maravillosos electrodomésticos y accesorios retro, desde frigoríficos americanos al estilo de los cincuenta hasta los diseños tradicionales en escalas mayores. Si compras piezas nuevas, combínalas con otras originales; así crearás un ambiente más auténtico.

regodearse en la nostalgia y encontrar algo que te fascine. Cuando pasees entre los puestos de los mercadillos no tengas reparo en regatear los precios, pide un descuento si te estás llevando varios artículos o solicita al vendedor que te aparte algo mientras te decides. Busca con meticulosidad cualquier desperfecto y pregúntate cuánto importa realmente. Si quieres que una pieza sea práctica, valora que esté en buenas condiciones, pero si la estás comprando por su aspecto, entonces un poco de desgaste no tendrá demasiada importancia. Si estás reuniendo mobiliario o accesorios de un periodo en particular, escoge piezas icónicas de esa época. Y si estás encargando piezas desde un sitio web especializado en vintage, hazle al vendedor preguntas detalladas o solicita imágenes del producto desde todos sus ángulos.

IZQUIERDA: Aunque un artículo esté deteriorado, aún puede conservar su valor decorativo. Esta silla del siglo XVIII debe precisamente su belleza a su estado de extremo desgaste.

EN ESTA PÁGINA: El mobiliario vintage puede resultar algo caro, pero siempre puedes optar por comprar reediciones. Estas sillas Mies van der Rohe (1929-30) fueron reeditadas por Knoll en 1960.

Un hogar vintage

Ha llegado el momento de tomar decisiones detalladas, habitación por habitación. De acuerdo, quédate con unos grifos eduardianos, pero haz que los revise un buen fontanero para asegurarte de que funcionarán correctamente con la instalación de cañerías actual. Y, a menos que seas un auténtico purista y quieras que en tu casa todo sea «tal cual», recuerda que los módulos de cocina originales de los años cincuenta sólo dan buenas sensaciones si las puertas se abren a la perfección y las superficies necesitan poco mantenimiento. Estudia también si extenderás el estilo vintage por todas partes o lo limitarás a una sola habitación. Los espacios más sencillos para experimentar son la sala de estar o una habitación donde puedes empezar incorporando solamente una o dos piezas de mobiliario. Escoger el vintage como temática para toda la casa aportará sensación de cohesión y emplear piezas viejas dará exclusividad a cada habitación. A medida que ganes confianza, opta por una decoración más permanente,

ya sea con papel pintado de vinilo original de los setenta o unos clásicos azulejos de baño Art Déco. Escoge solamente aquellas piezas que queden bien con el conjunto (no estás montando un museo) y no olvides que, en zonas de mucho tránsito, como salones y cocinas, un suelo nuevo y robusto, y unas paredes bien acabadas proporcionarán un escenario mucho más resistente a tus tesoros vintage.

ENFRENTE, ARRIBA
A LA IZQUIERDA: Para una sala de estar formal, pon al día unas butacas victorianas con tonos oscuros y un tapizado a medida.

ENFRENTE, ARRIBA
A LA DERECHA: En este baño, la gran estrella es una bañera de cobre de principios de los años veinte.

ENFRENTE, CENTRO
A LA IZQUIERDA: La intensa pátina de una encimera de madera recuperada combina bien con las brillantes picas de acero inoxidable.

ENFRENTE, CENTRO
A LA DERECHA: La vajilla vintage es barata y fácil de coleccionar. Aquí queda perfecta en la mesa de diario.

ENFRENTE, ABAJO
A LA IZQUIERDA: Para un dormitorio romántico, busca una cabecera antigua y viste la cama con ropa y edredones vintage.

ENFRENTE, ABAJO
A LA DERECHA: El secreto del vintage está en saber combinar. Aquí, una mesa Knoll con sillas de cuero en estilo muy diferente.

COCINAS Y ZONA DE COMEDOR

ABAJO: En esta cocina se ha conservado la simplicidad de los módulos empotrados dando todo el protagonismo a la mesa y las sillas de estilo industrial. La mezcla de texturas, desde el acero inoxidable hasta el suelo recuperado de madera, realza la atmósfera.

La mayoría de personas tienen una idea clara del tipo de cocina que quieren. Para algunos, son imprescindibles la modernidad y un entorno limpio y ordenado: la cocina es una zona de trabajo, con comida y artilugios ocultos. A otros les encanta una cocina acogedora, con sus piezas favoritas a la vista, estanterías abiertas y aparadores. Hay quien prefiere tener una cocina vieja auténtica, ya sea con los módulos originales de un piso de los años sesenta, o la combinación de un aparador victoriano de pino y una mesa de comedor de roble para un estilo vintage campestre. Ahora es el momento de decidirse: ¿qué personalidad quieres para tu cocina?

Si optas por una cocina contemporánea de época también puedes darle un toque vintage al comedor. Por ejemplo, puedes hacerte con una rústica mesa de comedor de cerezo del siglo XIX y unas sillas de polipropileno de los sesenta: lo divertido es aprender a contrastar diferentes piezas. O, si sólo quieres comprar objetos recuperados, una mezcla deliberada de mobiliario de ambas áreas (por

DERECHA: Para crear un sabor vintage sin módulos originales, haz las puertas a medida en un acabado divertido. En este loft de Manhattan se ha empleado un plastificado óptico para los frontales de los armarios. Junto con unas sillas de colores brillantes y unos accesorios desenfadados, se logra un interesante ambiente de los setenta.

ejemplo, una mesa antigua de pino con un carrito de acero industrial, y tal vez un tocador francés pintado) borra los límites entre la cocina y el comedor.

MÓDULOS DE COCINA

Para el estilo purista, el único tipo de cocina que se puede tener es aquella vieja y original. Las cocinas empotradas tuvieron éxito a partir de los años veinte y fueron especialmente populares desde los cincuenta. Algunos mercadillos de objetos de segunda mano están especializados en buscar las populares cocinas English

Rose y Boulton & Paul de los años cincuenta, y te las desmontarán y volverán a pintar con aerosol. Para crear una atmósfera de los cincuenta, opta por colores primarios brillantes, aunque los acabados en madera también fueron muy populares en aquella época.

Pero ten en cuenta que si compras una cocina original puede que tengas que reemplazar los rieles de los cajones así como las encimeras pintadas. Además, los electrodomésticos actuales suelen tener demasiada profundidad para los módulos de época. Como alternativa, puedes combinarlos con un frigorífico y un lavavajillas independiente de estilo retro, o buscar una réplica de cocina empotrada de los años cincuenta.

Si te decantas por una cocina vintage campestre deberás combinar unos cuantos elementos. Visita tiendas de objetos usados y mercadillos en busca de armarios, estanterías, alacenas y mesas que puedas combinar para crear ese ambiente, pero hazlo con cuidado si no quieres que el conjunto ofrezca un aspecto caótico. Por ejemplo, escoger armarios y estanterías del mismo material o utilizar la misma encimera por todas partes, ayudará a combinar una mezcla de muebles viejos. Si buscas la ayuda de un carpintero profesional, te asegurarás de que todas las piezas se adapten sin problemas en el espacio.

A la hora de escoger un fregadero, decídete por uno que vaya en consonancia: te aconsejamos los Butler de cerámica, o incluso modelos de piedra aún más viejos. Una vez pulidos con chorro de arena, quedan robustos y con buen aspecto.

Si quieres una cocina nueva, pero de estilo retro, algunos fabricantes de cocinas ofrecen buenas copias, o bien puedes acudir a un carpintero para que te haga un diseño propio.

Para una cocina vintage costera, opta por armarios con paneles machihembrados, mientras que una cocina

IZQUIERDA: Para obtener una cocina o comedor informal opta por una decoración «envolvente». Aquí, una variedad de diferentes elementos (iluminación de estilo industrial, estanterías abiertas, un reloj de gran formato y algunos electrodomésticos sin empotrar) ofrecen un ambiente muy confortable.

ABAJO: Modernidad y vintage funcionan muy bien en la cocina. Aquí, los módulos blancos y el suelo claro contrastan con las superficies desgastadas de las viejas sillas de estilo escolar y la mesa de cocina con tablero de zinc.

rústica quedará mucho más auténtica con las puertas pintadas o con un acabado de madera esmaltada. También es posible realizar ajustes menores a una cocina ya existente. Si tienes unos módulos de madera lisos, puedes crear un efecto destartalado reemplazando los tiradores nuevos por antiguas manetas de hierro, sustituyendo una moderna encimera plastificada por una robusta superficie de madera de iroko recuperada, o bien escogiendo una serie de electrodomésticos retro independientes en lugar de las típicas versiones modernas integradas.

IZQUIERDA: Tablero desgastado con mantelería y porcelana vieja.

ENFRENTE, ARRIBA A LA IZQUIERDA: Los muebles Alvar Aalto dan formalidad al conjunto.

ENFRENTE, ARRIBA A LA DERECHA: Mesas y sillas vintage combinan con la obra de Junn.

ENFRENTE, ABAJO A LA IZQUIERDA: Piezas clásicas sobre blanco.

ENFRENTE, ARRIBA A LA DERECHA: Sillas actuales contrastan con modelos del siglo XIX.

MOBILIARIO DE COMEDOR

Si dispones de suficiente espacio en la cocina para una mesa de comedor, tienes dos opciones: jugar con el contraste de los módulos o unificar estilos. Piensa también qué tipo de mesa quieres y si la necesitas sólo para servir la comida o también para preparar los platos. Después decide tu estilo vintage. Un tablero esmaltado pero con algunos rasguños resulta perfecto para una atmósfera destartalada-chic. Pero si quieres recrear un ambiente de mediados del siglo XX, opta por una mesa de pedestal Eero Saarinen.

Al hacer tus compras, valora el confort y el sentido práctico de la pieza. Piensa que las mesas antiguas suelen tener los encajes de las patas algo sueltos, y en cuanto a las sillas puede que necesiten un nuevo tapizado. Si estás de suerte puede que encuentres un juego de sillas que combinen, pero este tipo de lotes suelen ser algo más caros. Una opción más económica

es decantarse por un tipo genérico (como unas viejas sillas metálicas francesas de café o las clásicas sillas Windsor). También puedes unificar un juego desparejado de sillas de madera, pintándolas de un mismo color o bien tapizándolas con una tela que combine con el conjunto de la habitación.

Para decorar una casa de estilo campestre, puedes experimentar con bancos de jardín ligeramente destartalados con una buena pila de cojines estampados. Y si quieres darle un toque industrial a tu apartamento, busca en un mercadillo asientos de hospital tapizados en cuero o viejos bancos de iglesia. Los taburetes son divertidos y son bastante prácticos. Por ejemplo, puedes adquirir a buen precio unos útiles taburetes para desayunar de la posguerra tapizados en el hule original, unos taburetes de bar modernistas con cuero y cromados, o unas sillas suecas giratorias con respaldo alto.

APARADORES Y ALACENAS

Un aparador es una pieza muy práctica: además de servir para almacenar la vajilla y la cubertería, es un buen lugar para colocar un equipo estéreo o diferentes objetos decorativos. Fíjate en los esbeltos aparadores escandinavos de los cincuenta, sesenta y setenta, en maderas típicas como el palo de rosa y la teca.

La alacena tradicional, la mayoría de las veces cargada con tazas, platos y jarras, queda perfecta en la cocina vintage campestre y ofrece una alternativa más decorativa que los armarios o las estanterías lisas. Muchos anticuarios y tiendas de viejo disponen de alacenas en diferentes acabados (desde pintura descolorida a pino barnizado) y no suelen ser demasiado caras. La clásica alacena rústica suele estar repleta de una caprichosa mezcla de piezas de vidrio y porcelana en gran variedad de diseños y colores. Si prefieres un toque más moderno, opta por la porcelana lisa y/o la cristalería vintage. Una alacena también puede proporcionarte un excelente lugar para exponer tu batería de cocina (cualquier cosa, desde un servicio de té decorado con motivos orientales hasta una vajilla completa de porcelana).

SUELOS Y PAREDES

Cualquiera que sea tu estilo de cocina, es importante elegir un suelo resistente al uso. El linóleo, las baldosas de corcho y la goma son perfectos para una decoración de mediados del siglo XX, mientras que para una atmósfera pulcra de vintage campestre, son preferibles los suelos de láminas de madera, los azulejos de terracota recuperados y las losas. Los nuevos materiales también pueden funcionar bien. La pizarra tiene un bonito acabado en fragmentos que quedará perfecta con una desgastada cocina de pino. Por otro lado, un suelo nuevo de cemento será un excelente telón de fondo para una cocina vintage urbana.

Si tu gusto por el vintage raya en lo kitsch, decántate por los papeles pintados de vinilo de los cincuenta y sesenta decorados con motivos frutales. Si puedes encontrar papel original de la época, quedará estupendo en una pared aislada.

Los azulejos brillantes no suelen quedar bien junto a armarios y accesorios vintage. En su lugar, prueba los paneles machihembrados: pintados en blanco o azul grisáceo para encajar en una atmósfera de vintage costero, o teñidos en un tono oscuro para contrastar con el luminoso mobiliario retro de los sesenta. Dado que los azulejos recuperados no suelen estar disponibles en grandes cantidades, puedes combinar

IZQUIERDA: Un aparador aislado o una alacena aportan mucho más carácter a una cocina o comedor que una serie de anónimos armarios empotrados. Busca viejos aparadores de tienda si prefieres un estilo industrial más alternativo.

EN ESTA PÁGINA: Vale la pena buscar un suelo recuperado para una cocina, ya sea a base de láminas recicladas con una buena pátina, azulejos de terracota o viejas losas. Las superficies desgastadas encajan bien con muebles viejos y encimeras recicladas.

piezas viejas y nuevas, jugando con los contrastes. Por ejemplo, unos cuantos azulejos Delft del siglo XVIII, quedarán fantásticos dispuestos en forma de modesto alicatado sobre una pica de piedra.

ELECTRODOMÉSTICOS

Los relucientes electrodomésticos empotrados son tan omnipresentes que es fácil olvidarse de que una vez fueron unidades aisladas y voluminosas.

Los modernos electrodomésticos de estilo retro pueden ser una excelente alternativa a los viejos modelos (nada ecológicos y de elevado consumo energético). Aunque algunos fabricantes de mediados del siglo XX intentaron imitar los colores y estilos de los coches del momento, la mayoría de electrodomésticos eran de color blanco o crema. Puedes comprarlos de estilo americano en colores suaves, así como cocinas de fogones de acero inoxidable. Pero si prefieres un viejo electrodoméstico, puedes pedir que te lo pinten en el color que elijas mientras lo acondicionan.

Si rastreas en mercadillos, tiendas de viejo o sitios de Internet especializados, encontrarás todo tipo de pequeños electrodomésticos como batidoras y tostadoras. Eso sí, contacta con un buen electricista para que los revise antes de empezar a utilizarlos. Si te resistes a usarlos en la cocina, siempre puedes disfrutarlos como simples objetos decorativos.

VAJILLA Y ACCESORIOS

La atracción por los servicios de mesa idénticos ha decaído y ahora es mucho más divertido poner la mesa con una creativa selección de cristal, vajilla y cubertería vintage. No sólo lucirá fantástica, sino que también será tema de conversación. Y lo que es mejor,

IZQUIERDA: Para crear una atmósfera de los años cincuenta, combina electrodomésticos aislados con encimeras de colores llamativos, o decántate por frigoríficos nuevos de estilo retro americano o lavavajillas de divertidos colores y agradables contornos redondeados.

DERECHA: Una cocina de fogones crea de forma instantánea una atmósfera de época. Las nuevas versiones son más ecológicas: decántate por el acero inoxidable para una imagen vintage industrial o encuentra un especialista que te prepare un esmalte personalizado.

comparativamente también resulta barata y fácil de encontrar, especialmente en mercadillos y tiendas de viejo. Por ejemplo, la cubertería antigua tiene un peso agradable, viene en diseños clásicos y a menudo puede comprarse todo el conjunto a precios razonables. Para la vajilla de diario, busca accesorios de mesa inusuales como una audaz declaración de principios; desde jarrones celery y jarras de plata para el agua caliente, hasta saleros plateados y bandejas giratorias para servir en la mesa. Haz tus elecciones según el estilo vintage que prefieras o mezcla varios estilos a la vez. Por ejemplo, para un servicio de mesa propio del vintage urbano, combina cerámica de un solo color propio de los años cincuenta con diseños gráficos de los sesenta. Para una relajada temática campestre, combina una antigua vajilla decorada con motivos chinos con unos vasos de agua de color rojo y estilo victoriano. Para alegrar la hora del té, puedes mezclar unas delicadas tazas y platillos de los años treinta pintados a mano con un juego de cuchillos de pastelería con mangos en tonos pastel.

Las mantelerías también son fáciles de coleccionar. Las de primera calidad pueden resultar algo caras, así que rastrea en tiendas de viejo y mercadillos en busca de artículos clásicos, como sábanas de lino antiguas que puedas cortar y usar como manteles o servilletas. Para obtener un estilo vintage retro algo más informal, busca hule de los cincuenta (estupendo para una mesa de cocina) o servilletas estampadas con motivos florales de la época.

IZQUIERDA: Muchas mesas vintage de mediados del siglo xx fueron elaboradas con formas esculturales, así que intenta no cubrirlas con un mantel. En su lugar, utiliza salvamanteles y servilletas de la época, diseñados para realzar un tablero de mesa desnudo.

DERECHA: Si te gusta el estilismo de una época en particular (como el de esta casa americana amueblada con piezas diseñadas entre 1920 y 1940), tiene sentido que el servicio de mesa sea también de la misma época.

IZQUIERDA: Poner la mesa puede ser algo divertido. Estos extraordinarios platos fueron diseñados por Pablo Picasso, pero es posible encontrar interesantes piezas de los cincuenta y sesenta que te aportarán un desenfadado tono retro.

EN ESTA PÁGINA: A mediados del siglo xx se puso de moda la cristalería de formas simples y en colores ahumados (gris y caramelo). Hoy en día sigue conservando ese toque contemporáneo y combina bien con la vajilla moderna.

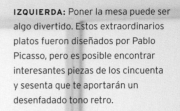

LOS COLORES SUAVES Y LOS MUEBLES VINTAGE ALGO DESGASTADOS APORTAN UN AIRE ROMÁNTICO A LA SALA DE ESTAR. TE ENSEÑAMOS A CONVERTIRLA EN UN ELEGANTE ESPACIO PARA LA RELAJACIÓN.

ARRIBA: En este impactante salón vintage boudoir, el glamour deriva no sólo de la mezcla de mobiliario, sino del uso de papel pintado vintage adamascado. Los suelos lisos aligeran el ambiente.

DERECHA: Una ecléctica mezcla de mobiliario puede funcionar si optas por elementos llamativos. Aquí, los flecos turquesa del sofá de terciopelo rojo, la piel de cebra del suelo y el papel pintado con motivos florales combinan en perfecto equilibrio con las paredes lisas.

SALAS DE ESTAR

Aunque hoy día es extraño disponer de una sala de estar formal, muchos añoramos una habitación alejada de la cocina o el comedor que nos permita leer un buen libro, escuchar música o simplemente relajarnos. ¿Quién no se sentiría en paz rodeado de telas tejidas con delicadeza y muebles entrañables? La sala de estar también es un sitio perfecto para que los novatos del vintage experimenten, al ser la zona clave de la casa para exponer los tesoros personales o las piezas favoritas del mobiliario heredado.

Empieza por decidir qué grado de formalidad quieres y después ten en cuenta tu estilo. En una sala de estilo boudoir, unas pequeñas sillas doradas, una tapicería de terciopelo y una lámpara de araña resultarán perfectas.

Puede crearse un ambiente vintage rural con una mezcla de butacas de cuero desgastadas, una desteñida alfombra Aubusson y unos cojines floreados. Si prefieres un toque de vintage retro, mezcla mobiliario de la segunda mitad del

siglo XX con telas gráficas de los cincuenta y una iluminación desenfadada. El estilo vintage industrial se asentará con fuerza en una o dos piezas de mobiliario recuperado, tal vez tapizadas en una tela de algodón actual estampada, junto a paredes enyesadas y suelos lisos con tablas de madera.

PAREDES

En la casa vintage, las paredes necesitan realzar una serie de muebles y accesorios entrañables, nunca entrar en conflicto con ellos. Por ejemplo, si pintas las paredes con un color impactante, como un turquesa o un naranja brillante, podrás iluminar el acabado desgastado de un viejo mueble dorado o de un arañado accesorio de

ARRIBA: Un acabado de pintura desgastado unifica paredes y mobiliario ligeramente envejecidos. En este salón londinense, el acabado de la pared enmarca un llamativo tocado de plumas y una butaca de los años cuarenta.

IZQUIERDA: En un salón sofisticado, con terciopelos y sedas desgastados, las paredes deben tener una textura elegante. En este caso, el estuco liso es una opción ideal para combinar con el brillante espejo veneciano.

ENFRENTE: Recubrir las paredes con textura aporta delicadeza a una combinación de muebles y decoración desgastados. Para darle un toque refinado, escoge tela de fibra vegetal.

iluminación. Por otro lado, una paleta apagada de tonos arcilla, caramelo y blanco roto queda perfecta en un ambiente destartalado-chic. También puedes conservar las viejas paredes de yeso o el papel pintado descolorido y despegado «tal como lo has encontrado».

A menos que quieras un contraste descarnado, evita las paredes blancas brillantes y, si no estás seguro de cómo escoger un color de pintura, utiliza la carta de un fabricante. Muchas agrupan los colores en periodos específicos, desde la época victoriana (rojos oscuros, verdes y ocres intensos) al Art Déco (azules claros, verdes, gris y rosa). Para una atmósfera de los cincuenta, experimenta con rojo, negro, amarillo o lima, o con la opción más suave de los azules claros y el verde pistacho. Los colores típicos de los sesenta incluían el rojo y el morado, mientras que en los setenta imperaban el naranja y el marrón. Ten en cuenta la textura y el color

de la pintura; un acabado suave y mate refrescará unos muebles desenfadados de los sesenta o setenta.

El papel pintado estampado puede ser un excelente atajo para crear una atmósfera de época en la sala de estar. Los papeles de los años treinta suelen mostrar diseños florales, mientras que entre los cincuenta y los setenta estaban más de moda los estampados gráficos de llamativos colores. Utiliza papel pintado vintage con un toque luminoso, limitándolo a una sola pared o un hueco de chimenea. Si durante las reformas de tu casa descubres un viejo papel pintado en una pared, puedes conseguir tantos rollos como desees mediante técnicas de reproducción digital.

Si prefieres un aspecto chic y antiguo, existe gran variedad de papeles pintados nuevos basados en diseños auténticos de los siglos XVIII o XIX. Para una sala de estar vintage retro, también puedes encontrar

interpretaciones modernas de la psicodelia, diseños Pop Art de llamativos colores, papeles pintados plateados de la era espacial, o ese entrañable clásico de los setenta: el yute con reverso de papel.

Un aspecto texturado o desgastado para las paredes es poco corriente y encaja con el estilo vintage. El estuco resulta caro, pero combinado con unas cortinas de seda desgastadas, queda realmente fantástico en una sala de estilo boudoir.

En un espacio industrial reconvertido puedes utilizar revestimiento de piedra o mantener las paredes de ladrillo vista. Resulta perfecto como contraste tanto de un tapizado de cuero agrietado como de un suelo de madera recuperado. Los papeles pintados modernos también permiten hacer trampa con los falsos revestimientos a base de materiales como el cemento, la piedra o la madera.

SUELOS

Acertar con la textura, el tono y el dibujo adecuados para el suelo es tan importante como con las paredes. Si tienes un piso antiguo intenta conservar los suelos originales. En un apartamento rústico con suelos de madera bastará con lijar y encerar las tablas; mientras que en una casa de estilo más masculino o industrial, puedes emplear un tinte oscuro para la madera o bien pintura gris o negra. Si las tablas necesitan repararse, acude a un especialista en suelos de madera antiguos.

El suelo de parquet, popular en los años veinte y treinta, supone un cambio respecto a las tablas de madera tradicionales y es ideal para el mobiliario Art Decó. Y aunque la mayoría no escogeríamos la piedra para el suelo de una sala de estar, si tienes losas de piedra desgastadas o azulejos de terracota en una casa de campo, simplemente puedes poner una vistosa alfombra por encima y así disfrutar de su envejecida pátina.

Para una sala de estar moderna, existen otras posibilidades, como el corcho y el linóleo, que dan calidez y son naturales y ecológicos.

Los suelos de fibras naturales, las alfombras y las moquetas son las opciones lógicas si buscas una sensación más suave. El sisal, la fibra de coco y el yute tienen un tejido irregular y una textura ligeramente rugosa, por lo que van bien con las superficies desgastadas. La tradicional estera de junco tiene un tejido rugoso y un agradable olor. Queda bien con muebles desgastados y es ideal para un estilo vintage campestre o costero. Una alfombra de pared a pared es la opción perfecta para un

IZQUIERDA: En una habitación con muebles de formas naturales de mediados del siglo xx que exigen ser expuestos, escoge un suelo resistente. En esta liviana sala de estar, unos taburetes y sillas Saarinen Womb y una mesa Tulip están dispuestas de forma ingeniosa para sacar el máximo partido a sus atractivas siluetas.

DERECHA: La moqueta es una excelente opción para mezclar con muebles desenfadados del siglo xx. Aquí, un tapizado en amarillo llamativo y unos cojines rojos de pelo largo aportan una bocanada de aire fresco a unas clásicas sillas diseño de Mies van der Rohe, mientras que la alfombra oscura marca un excelente contraste.

EN ESTA PÁGINA: En esta casa costera de los años treinta, el suelo renovado y pulido junto a las paredes blancas realzan extraordinariamente las piezas del siglo xx.

ambiente vintage de los cincuenta. Pero si te sientes algo más audaz, puedes lanzarte con una moqueta de pelo largo setentera.

Para crear una atmósfera anterior a los cincuenta, opta por suelos y alfombras resistentes. Es posible encontrar ejemplares a buen precio, aunque antes comprueba si hay rastros de polillas. Para un escenario vintage campestre, son perfectas las alfombras Aubusson con tradicionales diseños florales, los kilims de Oriente Medio y las alfombras bordadas sobre cañamazo.

Si prefieres un estilo vintage retro con muebles de mediados del siglo XX, puedes vestir el suelo con una alfombra de estilo Art Decó decorada con grandes patrones geométricos. En los años cincuenta también fueron muy populares las alfombras con estampados gráficos de tonos apagados, mientras que en la década de los sesenta y setenta, las alfombras ganaron en colores y formas abstractas.

MOBILIARIO

El mobiliario vintage no sabe de reglas ni estilos, así que no tienes por qué ser fiel a una época establecida. De hecho, si mezclas piezas antiguas y modernas el resultado será mucho más atractivo y sugerente. Por ejemplo, puedes combinar una *chaise longue* de cuero de los cincuenta con una mesita de té victoriana, o una araña de cristal de los años veinte con un desenfadado sofá esquinero de los setenta.

Pero ten cuidado con los contrastes o terminarás creando espacios caóticos y sin sentido. Para evitarlo debes buscar un elemento que unifique todo el conjunto. Así, en una sala de estar de estilo vintage retro, las características formas finas y alargadas, y las patas delgadas de la segunda mitad del siglo XX ayudarán a mantenerlo todo más cohesionado. También puedes utilizar una o dos telas clave en la tapicería para aportar

coherencia y escoger unos acabados similares en el mobiliario. Por ejemplo, en una sala de estar de planta abierta de estilo industrial, los muebles de estructura metálica con una pátina reluciente, los acabados en esmalte coloreado y los plásticos brillantes crean una imagen unitaria.

Recuerda que hay una línea muy fina entre lo desgastado y lo inservible. Así que antes de comprar, comprueba si la tapicería está estropeada o desgarrada. Y no te olvides de valorar su función práctica. Por mucho que una vieja butaca parezca acogedora, ¿estás dispuesto a comprarla sin muelles en la base? Un pequeño sofá vintage puede atraer nuestra curiosidad, pero ¿es lo bastante confortable como para tumbarse en él? ¿Es esa mesa con sus elegantes patas afiladas lo suficientemente robusta como para resistir un uso diario?

Valora también el espacio del que dispones. Algunos muebles antiguos pueden resultar demasiado pesados y voluminosos para las viviendas actuales. Piensa si merece

ARRIBA: Una sala de estar debe ser agradable pero también práctica, por lo que es importante valorar la compra de muebles para el almacenaje. Es posible adquirir librerías independientes de teca o palo de rosa, muy populares en los cincuenta y sesenta, por un precio razonable.

DERECHA: Si te apasiona el estilo de un periodo vintage concreto, pero no puedes combinarlo con muebles originales de la época, interpreta el estilo de una forma más flexible. Estas sillas y mesa del Lejano Oriente evocan las generosas curvas del Art Decó.

ENFRENTE: Si un juego de muebles vintage parece desfasado, podemos darle un aire nuevo. La llamativa tapicería de esta habitación convierte la clásica sala de estar apagada en un espacio mucho más creativo.

la pena meter en casa una aparatosa librería de caoba victoriana o un sofá de los años veinte con doble o triple relleno. Siempre es aconsejable dejar algo de espacio libre para cuando descubras ese mueble bar de nogal de los años treinta o aquel maravilloso aparador de palo de rosa de los sesenta.

En la sala de estar también es importante proveerse de un lugar adecuado para el almacenaje. Considera tanto la posibilidad de invertir en un discreto armario empotrado, que ponga el énfasis en tus muebles y objetos de estilo vintage, como combinar diferentes piezas de almacenaje recuperadas o retro como parte de un conjunto mucho más ecléctico e informal. Por ejemplo, en una casita de época con los típicos huecos de chimenea, puedes instalar armarios empotrados pero con las puertas revestidas en madera reciclada. Por otro lado, en una sala de estar de marcado estilo vintage boudoir podemos disimular un espacio de almacenaje tras unas puertas de espejo o de DM con molduras de aquella época.

La arquitectura de mediados del siglo XX combina estupendamente con los pulcros aparadores aislados de patas estrechas y las bibliotecas altas de la misma época. La moda de las habitaciones de planta abierta de los años cincuenta dio lugar a ingeniosos ejemplos de almacenaje modular independiente, con armarios y estanterías accesibles por ambos lados. Ya en los años sesenta y setenta, el sistema de almacenaje empotrado volvió a popularizarse.

Para obtener un vintage industrial, donde la atmósfera es intencionadamente impactante y desenfadada, puedes permitirte piezas inusuales, como una recuperada vitrina de dentista con frontal acristalado (perfecta para exponer tus pequeños tesoros) o una biblioteca diseñada a partir de una estantería de oficina de estilo victoriano.

EN ESTA PÁGINA: Si el mobiliario pertenece a periodos dispares y a variedad de estilos, es importante dar con una ambientación que unifique todo el conjunto. En esta relajante sala de estar, la clave reside en las paredes grises vitrificadas y los muebles neutros.

Papeles pintados vintage

- ■ Para crear un ambiente cromático de la época, utiliza un trozo de papel vintage como punto de partida y después enlaza dos o tres tonos clave del diseño en la habitación.

- ■ Puedes utilizar papel pintado retro en la cocina o baño, pero opta por papeles de vinilo de los cincuenta y sesenta con una capa plástica antihumedad. Necesitarás de tres a cinco rollos para empapelar una pared principal.

El papel pintado vintage inyecta auténtico estilo retro a una habitación. Los sitios web especializados ofrecen estampados originales, desde diseños florales victorianos a gráficos setenteros, pero la mayoría de proveedores tan sólo tendrán unos pocos rollos disponibles de cualquiera de ellos. Utiliza estas cantidades limitadas para empapelar una pared principal o una habitación pequeña. Los papeles pintados más antiguos se creaban normalmente incorporando las tintas de una en una, haciendo que parecieran pintados a mano. Normalmente no pierden color pero intenta mantenerlos alejados del sol directo. Los papeles pintados de finales del siglo xx ya suelen estar encolados, pero asegura su colocación aplicando cola extrafuerte.

EN ESTA PÁGINA: No todos los papeles pintados de los sesenta y setenta eran de colores chillones. Busca el diseño que mejor se adapte a tus gustos.

A LA IZQUIERDA: Hay gran variedad de papeles pintados vintage de motivos florales, pero son la escala, los colores y el estilo de las flores los que fijan el tono para un periodo determinado.

DORMITORIOS

El dormitorio es un espacio muy personal y debes saber lo que buscas antes de escoger un estilo. Algunos sólo buscan un lugar donde dormir, por lo que les basta una cama y un ropero; otros quieren una zona de relax y a otros les encanta rodearse de sus cosas favoritas. El estilo vintage cubre todas estas posibilidades.

LA CAMA

Tanto si has heredado una vieja cama como si quieres comprar un modelo vintage, ésta no sólo debe entrarte por la vista, sino que tiene que ser práctica. Cuando vayas de compras llévate una cinta métrica, dado que las camas antiguas son en su mayoría de 135 cm de ancho o más estrechas y muchas tienen una longitud estándar de 190 cm, incluso más cortas. La mayoría de distribuidores especializados en camas antiguas tienen una amplia gama en stock y muchos pueden adaptar la cama que elijas al tamaño adecuado, y proporcionar un colchón personalizado si es necesario. También pueden añadir una nueva base y desmontar, pintar o pulir la cama. La mayoría

DERECHA: Para tener un dormitorio boudoir de ensueño, mezcla superficies centelleantes con estampados florales y una cama antigua. Ésta, con su cabecera de estilo Luis XV, es perfecta. Un papel pintado vintage de los años treinta, con el fondo laminado en plata, aporta opulencia extra.

ABAJO A LA IZQUIERDA: En esta casa de los setenta, se ha combinado una cama circular con sillas de los sesenta, demostrando que un dormitorio puede ser tan impactante como un salón.

ABAJO A LA DERECHA: Dale un toque elegante al vintage urbano del dormitorio. Aquí, los brillantes suelos y la colcha de flecos contrastan con las paredes de ladrillo visto y la iluminación.

también pueden volver a tapizar una cabecera. Un modelo desteñido con gracia contribuirá al estilo vintage, pero si está rajado o manchado vuelve a tapizarlo con tela vintage o una tela actual llamativa.

Si estás comprando en un mercadillo o una tienda de objetos usados, fíjate en los trabajos de restauración mal hechos e inspecciona la base para ver si se tiene que reemplazar. Las camas de madera a menudo necesitan simplemente un buen pulido o ser pintadas de nuevo, pero si te estás planteando comprar una estropeada cabecera bergère, recuerda que reparar el mimbre puede resultar bastante caro.

TU DORMITORIO ES UN REFUGIO, ASÍ QUE OPTA POR LOS COLORES SUAVES, LAS TEXTURAS DESGASTADAS Y LAS FORMAS SENCILLAS Y DELICADAS.

ENFRENTE, A LA IZQUIERDA: Una cama de dosel puede parecer desfasada, pero unas cortinas vintage de lino le darán frescura.

ENFRENTE, EN EL CENTRO: Las cortinas de seda fruncidas crean un dormitorio glamuroso, pero si no puedes encontrar suficiente tela vintage, emplea seda nueva y desparrama unos cojines enfundados en telas viejas.

DERECHA: Para obtener un toque vintage relajado en un dormitorio pequeño, una cabecera impactante puede resultar excesiva. En este dormitorio, una exposición de piezas de arte del siglo XX sobre un estante situado detrás de la cama crea un modesto punto de atención.

Una cama doble coge todo el protagonismo de un dormitorio, así que tómate tu tiempo para escoger el estilo adecuado. Una vieja cama con una cabecera acolchada es fantástica si quieres trabajar allí con tu portátil, pero los amantes del confort preferirían una romántica cama con dosel. Las camas francesas vintage (desde el curvilíneo rococó hasta el clásico estilo bergère) son particularmente decorativas, en especial para una atmósfera boudoir.

El bastidor puede ser dorado, pintado o pulido. Para un ambiente campestre clásico, decídete por una cabecera de metal o hierro, o por una cama eduardiana, con una sencilla cabecera de rejilla de madera. Es bastante complicado encontrar camas originales de los cincuenta, sesenta y setenta, pero rastrea Internet y puede que tengas suerte. Si eres un fanático del vintage industrial, opta por una cama de estilo de hospital (sólo en tamaño individual) o utiliza una puerta recuperada o un espejo antiguo grande como cabecera para una simple cama turca.

VESTIR LA CAMA

Es muy romántico dormir entre suaves sábanas de lino antiguas o bajo un edredón de seda de los años treinta.

La ropa de cama antigua auténtica mejora cuanto más se lava, e incluso puede meterse en la lavadora. Y aunque las sábanas de lino son las mejores, las de algodón también son muy aparentes.

Si vas a emplear piezas originales muy viejas, prepárate para algunas reparaciones, desde coser pequeños agujeros hasta reemplazar encaje roto. Recuerda que las sábanas más antiguas no vendrán necesariamente en tamaños estándar, y que las fundas de edredón son un invento reciente.

Los edredones de seda, cachemira o algodón floreados, así como los antiguos chales de seda, aportan un atractivo ambiente de época, y hay fabricantes que pueden rellenar viejos edredones con plumas nuevas, o confeccionar uno nuevo en un diseño de la época.

Para un dormitorio vintage, dispón almohadas de algodón bordadas o hechas de cutí descolorido. Puede conseguirse un aspecto boudoir más sencillo, aunque aparente, con fundas de cojín de vainica de gran tamaño. Pero si prefieres una atmósfera desenfadada de finales del siglo XX, busca juegos de sábanas de algodón y poliéster estampadas con grandes flores. Las viejas mantas escocesas y las colchas de patchwork convienen a un estilo vintage rústico, y si somos diestros con la aguja, podemos aprovechar unos cuantos retales y hacer nuestra propia colcha de patchwork.

EL TOCADOR

El tocador está de nuevo de moda, lo cual es una buena noticia si buscas darle un toque de frivolidad a tu dormitorio. Si prefieres algo elegante, escoge un tocador Art Decó con espejo (o la copia de uno) con un puf tapizado en terciopelo. En un dormitorio moderno, opta por un tocador G-plan de caoba de los sesenta con un espejo triple. Y si buscas algo bohemio, instala un lavamanos con encimera de mármol de estilo victoriano o eduardiano combinado con un antiguo espejo dorado.

ALMACENAJE

El mobiliario no es una simple cuestión de estilo: también refleja la forma de vida de su época, por lo que si quieres un ambiente vintage, tendrás que comprometerte con él. Por ejemplo, estamos tan acostumbrados a los roperos empotrados que la idea de apretujar toda nuestra ropa, zapatos y accesorios en un ropero independiente parece desalentador. Haz una elección. Tanto puedes tener roperos empotrados y combinarlos con una o dos piezas realmente bonitas, como un ropero de caoba del siglo XIX o montar un vestidor en otra habitación. También podrías darle una

IZQUIERDA: Un tocador y un espejo son imprescindibles en un dormitorio de estilo boudoir. Siempre y cuando el espejo se vea glamuroso, el tablero puede ser muy sencillo.

EN ESTA PÁGINA: Para los modernistas de principios del siglo xx, la sencillez de líneas era fundamental. Para conseguir un estilo similar, encárgale a un carpintero una mesa estrecha que vaya encajada en la pared, como en la fotografía. Este camerino fue diseñado en los años treinta.

imagen desgastada-chic a tus armarios empotrados con madera reciclada para las puertas o revestimientos de espejo de estilo vintage.

Para los más puristas, la única solución es comprar y utilizar muebles viejos. Comprueba su interior para ver si se necesitan pequeñas reparaciones, y plantéate la posibilidad de hacer modificaciones.

Si te entusiasma un periodo en particular, podrías adquirir un conjunto de dormitorio que combine. Suele ser complicado encontrar un par de roperos idénticos. Si no das con ellos, opta por comprar dos piezas de estilo similar y píntalas del mismo color para que se vean simétricos. Para lograr un ambiente campestre, invierte en un armario francés de pintura descolorida o en un antiguo armario de pino liso; y para una atmósfera boudoir, elige un armario tallado. Y si prefieres darle un toque industrial, puedes instalar una ringlera con las típicas taquillas metálicas de escuela.

UN SITIO DONDE SENTARSE

Incluso en el más pequeño de los dormitorios resulta muy práctico disponer de una zona para sentarse, ya sea una silla auxiliar o un pequeño sofá. Aprovecha al máximo los asientos fuera de serie que puedes encontrar en tiendas de objetos usados o sitios web vintage. Una silla de comedor de cuero y caoba queda perfecta en un dormitorio y una silla baja para amamantar de estilo victoriano o eduardiano encajará perfectamente en un pequeño dormitorio. Para un estilo desgastado-chic, prueba con un canapé gustaviano y tapizado en viejo cutí; y para el dormitorio boudoir más a la última, escoge una *chaise longue* en terciopelo desgastado. Si dispones de suficiente espacio, puedes colocar un atractivo sofá bajo una ventana o contra una pared para realzar sus contornos. Vístelo después con cojines en una agradable mezcla de telas viejas y desteñidas.

EN ESTA PÁGINA: La araña de cristal coloreada, la cómoda de cajones con espejos, las delicadas curvas de la butaca y la banqueta dan lugar a un femenino dormitorio inspirado en los años treinta.

ENFRENTE, ABAJO A LA IZQUIERDA: En este pequeño dormitorio blanco, una silla de contornos circulares rememora las siluetas del sistema de almacenaje mediante acumulación diseñado por Anna Castelli en los setenta.

ENFRENTE, ABAJO A LA DERECHA: En este dormitorio hay poco espacio, pero un esquema cromático claro y una combinación de maderas de tono similar, transmite serenidad al conjunto. La alfombra de pelo largo aporta un toque vintage retro.

EN ESTA PÁGINA: Para el dormitorio de una joven adolescente, opta por una versión más desenfadada de estilo vintage boudoir. Con sus enmarcadas ilustraciones de moda de la época, una cama doble y los toques de color, esta habitación transpira elegancia juvenil.

ENFRENTE, A LA IZQUIERDA: No todos los niños quieren vivir en un mar de colores chillones y desorden. Inspírate en las líneas austeras y los colores apagados que se usaban habitualmente en un interior de los años treinta.

ENFRENTE, A LA DERECHA: Los exuberantes estampados comunes en los sesenta y setenta son un buen punto de partida para el dormitorio del pequeño de la casa. Este espacio está dominado por un clásico estor estampado Marimekko y una divertida alfombra de pelo largo de los setenta.

DORMITORIOS PARA NIÑOS

Escoger una temática vintage para el dormitorio de un niño tiene sus ventajas. Puedes concederte un punto de nostalgia empleando muebles, papel pintado, telas o muñecos de la época o de tu propia niñez, y con el mobiliario de segunda mano no tienes que preocuparte por si se ralla. Eso sí, deberías asegurarte de que todas las piezas son lo bastante robustas, y si hay riesgo de que tus hijos pequeños puedan manipularlas y lastimarse por accidente. Nunca compres una cuna vintage, aunque sea encantadora, porque no cumplirá los actuales estándares de seguridad. Las reproducciones de cunas de madera y metal, las camas trineo, los *lits bateaux* de caoba y las camas de dosel de hierro son encantadoras y a menudo resultan tan económicas como las versiones de las marcas conocidas.

Si tienes niños más mayores, podrías animarlos a buscar y comprar su propio mobiliario vintage, desde

un escritorio de metal de los años cincuenta a una desgastada cómoda de cajones que ellos mismos pueden pintar en el color que elijan.

También puedes trabajar con telas y ropa de cama de la época utilizando los colores favoritos de tu hijo. Busca material vintage de los cincuenta, sesenta o setenta con diseños caprichosos o dibujos de personajes, y cóselo a fundas de cojines, colócalo en un lienzo para crear un tapiz o decora una silla de escritorio. Otra opción es buscar carteles de películas originales e ilustraciones de libros, enmarcarlas y colgarlas en diferentes puntos de la habitación. Para un dormitorio de bebé también resulta divertido coleccionar letras vintage, desde viejos bloques de impresión hasta letras metálicas de carteles de tiendas y reunirlas para formar un alfabeto en la pared. Si lo prefieres, colecciona y expón muñecos vintage, pero mantenlos alejados de las curiosas manos del pequeño.

BAÑOS

ABAJO A LA IZQUIERDA: Piensa de forma creativa cuando se trate de escoger sanitarios. Un lavamanos con un escurridero incorporado que ha sido recuperado de una cocina puede tener una segunda oportunidad en un baño sencillo y con cajones empotrados debajo.

ABAJO A LA DERECHA: En una casa del siglo XX resulta apropiado emplear lavamanos de proporciones modestas, grifos de cromo e iluminación propia de la época. Este baño, construido en los años treinta, conserva todas sus características originales.

La moda por los fríos baños modernos está muy extendida, por lo que incluir sanitarios antiguos en tu baño creará una imagen realmente auténtica. Además de su delicada estética, disfrutarás de la calidad de unas piezas robustas y bien hechas. Es preferible que decores el baño con toques vintage aislados y los combines con elementos modernos. Piensa que la mayoría de sanitarios son de color blanco y te resultará muy sencillo acertar con el tono cromático del conjunto.

Aconsejamos comprar los accesorios de baño vintage en mercadillos, donde suele haber una amplia selección y pueden asegurarte que los objetos están completamente restaurados y que funcionarán con las instalaciones actuales. Al adquirir una pieza restaurada, pregunta si tiene garantía y cuánto dura. Si compras en una subasta, antes de pagar haz una minuciosa comprobación en busca de grietas, grifos atascados y restos de óxido.

EN ESTA PÁGINA: Suaviza un ambiente vintage urbano con piezas ligeramente curvilíneas. En este baño de Nueva York, el fruncido de la cortina de baño y los contornos redondeados de la bañera de época y del lavamanos equilibran las ventanas de estilo industrial.

EN ESTA PÁGINA: Si adoras el aspecto de los grifos antiguos, pero no quieres reproducir fielmente un baño retro, puedes combinar estilos. Aquí, una sobria pila de cemento luce elegante junto a un mosaico de azulejos y grifos vintage.

BAÑERAS, LAVAMANOS, INODOROS Y GRIFOS VINTAGE

Piensa en un viejo baño y acudirán a tu mente esas maravillosas bañeras de hierro fundido y bordes redondeados. Pero existe otra gama de materiales, como estaño, cobre, mármol, cerámica y barro cocido, así como una amplia variedad de estilos: las hondas bañeras de metal y doble punta, que lucen muy contemporáneas cuando se combinan con arquitectura moderna; las bañeras Art Decó con azulejos de colores; las bañeras con un extremo más alto que otro, y la bañera de palatino, que incorpora una mampara y una alcachofa de ducha.

Y recuerda que es tan importante el acabado como la forma. Un buen proveedor volverá a esmaltar el interior de la bañera, pero piensa también en el exterior. Las bañeras de hierro fundido a menudo pueden volverse a pintar o bien darles un exterior de metal pulido o patinado.

La mayoría de lavamanos antiguos están en el tradicional estilo de pedestal, pero también puedes encontrarlos para colgar en la pared sobre soportes, así como los que incorporan un alicatado. Algunos lavamanos franceses, como los de porcelana fina con suaves contornos redondeados y afiladas patas, son especialmente elegantes. Para un ambiente campestre

EN ESTA PÁGINA: El grifo mezclador puede parecer un invento moderno, pero también es posible comprarlo en estilos tradicionales. Colocados en una pulcra encimera de mármol, estos elegantes grifos dan mucho carácter a un sencillo baño.

sencillo, un lavamanos liso con pedestal inglés es lo más apropiado, y para un baño industrial desenfadado, tal vez recuperado de unos servicios públicos, o uno de peluquería de los años veinte, los lavamanos sencillos con elaborados soportes de hierro fundido o los esquineros son otras interesantes opciones para darle un aire vintage a tu baño.

Suele ser bastante complicado encontrar un viejo inodoro original, por lo que seguramente no habrá más remedio que combinar uno nuevo con piezas vintage, o bien añadir un asiento de inodoro victoriano de caoba a un modelo moderno. De todas formas, recorre los mercadillos y tiendas de viejo preguntando por este tipo de inodoros porque igual tienes suerte y acabas dando con la pieza buscada. Recuerda que los aficionados a este tipo de decoración se caracterizan por su paciencia. Además, este género es muy variable y tarde o temprano lo acabas encontrando.

Como regla general, decántate por una cisterna alta si quieres crear un ambiente de finales del siglo XIX o principios del siglo XX, e instala una cisterna baja para una atmósfera del siglo XX. Las cisternas antiguas solían ser piezas bastante elegantes, con diseños acanalados, impresiones florales y trabajados moldeados.

Cuando escojas grifos viejos, no te olvides del aspecto práctico y asegúrate de que han sido limpiados y ajustados con nuevas arandelas, de modo que no funcionen con rigidez ni goteen. Los accesorios se deberían haber remodelado para encajar con los modernos tamaños de cañerías. Ten en cuenta también el alcance del caño, ya que los grifos viejos no se acomodan al tamaño estándar. Y no te olvides de los acabados. La mayoría de grifos viejos son de latón, pero a menudo pueden volverse a chapar en níquel o cromo, lo cual será mucho más apropiado para recrear el estilo de los baños del siglo XX.

ENFRENTE, A LA IZQUIERDA:
La tradicional bañera de bordes
redondeados y hierro fundido es muy
versátil. Para recrear un estilo vintage
boudoir, combina una bañera de
elaboradas patas con grifos montados
en la pared, y paredes y suelos con
efecto de mármol.

ENFRENTE A LA DERECHA: Parte de
la diversión de reunir un baño vintage
reside en mezclar lo inesperado. Aquí,
una decorada bañera de cobre se
complementa con unos detalles de
estilo romano y un llamativo caño
de latón.

EN ESTA PÁGINA: Aunque se trata
de un baño moderno, tiene un claro
toque retro. Ecos de diseño que
provienen de los azulejos grises y
amarillos, cuyos colores se inspiran
en los baños de los años treinta, así
como de la simplicidad de los
azulejos, también de la época.

Los estilos varían enormemente, desde cuadrados diseños Art Déco hasta grifos de palanca (un clásico en muchos hospitales), y de los tradicionales grifos mezcladores de baño o ducha de principios del siglo XX a sencillos grifos de columna. Para conseguir un baño vintage moderno, prueba a contrastar grifos viejos con sanitarios nuevos.

REPRODUCCIONES DE SANITARIOS
Si te da cierta aprensión utilizar sanitarios viejos, puedes optar por una reproducción. O si has hecho una compra vintage impresionante, pero no encuentras otros accesorios viejos con los que combinarla, mezcla la reproducción con el objeto auténtico. La gama de

estilos varía desde un bonito lavamanos Art Nouveau con patas cabriolé, a una copia perfecta de una alcachofa de ducha victoriana o un lavamanos francés de frontal inclinado con estructura niquelada.

PERSONALIZA TU BAÑO
Reuniendo elementos aislados de forma diferente, puedes ahorrar dinero y obtener una imagen más personal en tu cuarto de baño. Por ejemplo, las antiguas bañeras de bordes redondeados suelen venir sin patas, así que ¿por qué no colocarla sobre unos gruesos bloques de madera? Combina un viejo pie de mármol con una moderna encimera y un caño montado en la pared. O, si has encontrado un lavamanos a color de los

ENFRENTE, ABAJO A LA IZQUIERDA: No es imprescindible escoger sanitarios de estilo campestre para una propiedad rústica. Juega con los contrastes. Aquí, un lavamanos doble de elegantes patas se combina con unos taburetes rústicos.

ENFRENTE, ABAJO A LA DERECHA: Si te decides por el estilo de un periodo concreto, como este divertido baño de los setenta, es importante acertar con los detalles. Aquí, el estilo lo establece el suelo perfecto de la época, el tratamiento del techo, la gama cromática, el mobiliario y los sanitarios.

ABAJO A LA DERECHA: Personaliza una pieza de mobiliario vintage para crear un original tocador. Aquí, una vieja mesa de patas torneadas junto con un lavamanos nuevo de acero inoxidable, mezcla con gracia los estilos retro y moderno.

ACCESSORIOS

Tanto si quieres realzar la belleza de unos accesorios de época, como darle un simple toque vintage a una pared blanca del cuarto de baño, los accesorios marcarán la diferencia. Objetos imprescindibles en los que invertir pueden ser las viejas vitrinas de metal galvanizado y los modelos cromados de los años treinta. Un carrito resulta perfecto para colocar todo tipo de recipientes; prueba con uno recuperado de fábrica para un ambiente vintage industrial. Los espejos también son una excelente apuesta y los hay desde dorados y algo desconchados, ideales para un estilo boudoir, hasta de gran tamaño para duplicar visualmente las dimensiones de un baño pequeño.

años veinte perfecto pero con un pedestal roto, busca un par de soportes metálicos y móntalo en la pared. Si tienes un juego de baño en blanco liso que no puedes cambiar, añade unos grifos reciclados para darle un efecto más desenfadado. También podrías revestir con espejos un baño de color blanco para darle una glamurosa atmósfera Art Decó, o bien colgar un espejo antiguo sobre una base.

PAREDES Y SUELOS

Los azulejos y superficies modernos marcan un gran contraste con los sanitarios vintage. Por ejemplo, una bañera de metal o un lavamanos francés de cerámica aportan un aire moderno cuando se combinan con un mosaico de azulejos en blanco o negro, con una pared de vidrio pintada en vivos colores o con un suelo de acero inoxidable. Para un baño de estilo boudoir, escoge un papel pintado con flores u hojas a gran escala; mientras que en uno costero, las paredes machihembradas en tonos azules combinan con los accesorios eduardianos.

Con todo detalle

Todos sabemos que los muebles, las telas y los objetos de decoración materializan el estilo decorativo de cada casa. Tanto si optas por imitar una década concreta como si interpretas un estilo vintage, procura centrarte en los diseñadores clave, las tendencias del momento y los movimientos sociales de cada periodo. Esto no sólo te ayudará a conseguir el efecto que buscas, sino a lidiar con todo tipo de comerciantes y anticuarios. Cuando te hayas decidido por un estilo vintage en particular y empieces a decorar la habitación, intenta no pasar por alto ciertos detalles fundamentales, como los herrajes, los pomos de las puertas y los pulsadores de la luz. Piensa que adquirir buenas copias u originales desgastados te ayudará a unificar tus compras retro más importantes con la arquitectura de la casa, incluso si ésta es de estilo moderno.

Asimismo, tómate tu tiempo a la hora de elegir no sólo el mobiliario, sino el tipo de construcción, los materiales e incluso el sello del fabricante, si lo hay. Presta también atención a la elección de telas, azulejos, vidrio y todo tipo de imágenes que quieras incorporar al conjunto. Reunir un estilo vintage no es una simple cuestión de diseño, sino que también se trata de captar el ambiente de la decoración. Así que intenta escoger piezas nostálgicas, desenfadadas y originales que te complazcan la vista, dado que es lo que acabará aportando carácter a tu casa vintage.

ENFRENTE, ARRIBA
A LA IZQUIERDA: Los radiadores ocupan espacio, por lo que tienen un gran impacto visual.

ENFRENTE, ARRIBA
A LA DERECHA: Escoger muebles con la silueta, el acabado, el tamaño y la forma correctos es clave. Este rústico armario combina su buen aspecto con su utilidad.

ENFRENTE, CENTRO A LA
IZQUIERDA: En los cincuenta, los diseñadores experimentaron con formas naturales, especialmente para mesas de centro.

ENFRENTE, CENTRO
A LA DERECHA: Los accesorios de iluminación originales de la época no son la única opción. Puedes encontrarlos nuevos hechos a partir de objetos reciclados.

ENFRENTE, ABAJO
A LA IZQUIERDA: Muchas sillas del siglo XX, como esta PK9, se han convertido en objetos icónicos.

ENFRENTE, ABAJO
A LA DERECHA: Empezar una colección de pequeños objetos es una forma sencilla de introducirse en el estilo vintage.

ACCESORIOS DE METAL

Con frecuencia, los pequeños objetos son los que dejan la impronta de un estilo vintage en una casa. Detalles como radiadores, pomos de puertas y colgadores no suelen llamarnos la atención pero es importante valorarlos si no queremos que sus equivalentes modernos desentonen con el mobiliario vintage.

Los radiadores de época pueden llegar a costar tanto como una pieza de mobiliario, pero son muy visibles y aportan al conjunto un toque vintage muy marcado. Los hay de muchas formas y tamaños, pero a la hora de comprarlos infórmate sobre cuál ha sido su proceso de restauración. En principio se deben sustituir las viejas válvulas, pulir la superficie, examinar la presión, aplicar una capa de imprimación y volver a pintar. Si buscas un ambiente vintage urbano audaz, pide que te abrillanten la carcasa de hierro para darle un acabado muy pulido. Para un ambiente boudoir, opta por un radiador ornamentado. También puedes encontrar cubiertas para radiadores victorianos y eduardianos.

Las puertas también establecen el tono vintage apropiado. Aunque muchas empresas ofrecen excelentes reproducciones de época, siempre es divertido buscar lo auténtico. Si estás reformando una casa entera, puedes preguntar a un vendedor de objetos usados si tienen suficientes modelos de un estilo particular, aunque emplear estilos similares también es una buena alternativa. La mayoría de pomos de puerta del siglo XIX se fabricaron en hierro fundido o latón, pero en cuanto empezó el siglo XX, se hicieron más populares los modelos recubiertos con níquel y cromo, así como los pomos de cerámica, madera y cristal. Elige un estilo que quede bien con la arquitectura de tu casa: los pomos cuadrados y de cromo estilo Art Decó son ideales para una casa de los años treinta, mientras que los pomos de latón más decorativos encajan en una casa victoriana con puertas paneladas.

También es divertido buscar antiguos colgadores, tiradores de armarios y aldabas de puertas. Para un estilo vintage campestre, opta por diseños sencillos en metal o madera, y para un acabado más decorativo en cerámica y latón con dibujos de flores u hojas. Y si deseas añadir un sutil acabado de época a unas puertas de armario nuevas, serán perfectos unos pequeños tiradores vintage de latón, cristal, porcelana o hierro fundido.

ARRIBA: Los colgadores originales recuperados no suelen ser más caros que las copias modernas. Aquí, un rústico colgador de barra de madera encaja en un ambiente vintage campestre; los robustos ganchos de acero son ideales para interiores urbanos, y unos ganchos de latón y porcelana resultan apropiados para el glamuroso estilo boudoir.

A LA DERECHA: El acabado de un radiador que se ha reacondicionado es tan decisivo como su forma. Acude a un especialista para que lo pulan, apliquen una capa de imprimación y lo pinten en el color que elijas. También puedes pedir que pulan el hierro fundido original para darle un acabado industrial.

MOBILIARIO

El mobiliario influye tanto en la decoración, que debe escogerse meticulosamente. Por ejemplo, con el estilo vintage puedes mezclar sillas y otras piezas de diferentes periodos para obtener un efecto natural y relajado.

Escoge en función del estilo que más te atraiga: una sencilla silla de madera de árbol frutal de principios del siglo XIX, por ejemplo, para un ambiente vintage campestre; o una silla dorada del siglo XVIII estilo Luis XV para el vintage boudoir. La producción en masa se impuso al avanzar el siglo, empezando por la ya clásica silla de madera doblada de Michael Thonet, pero el movimiento de Artes y Oficios marcó un retorno a la estética de las artes manuales. En el siglo XX, los diseñadores de muebles y los arquitectos se centraron en la silla y los nuevos materiales. Algunos iconos del siglo XX son la silla Wassily de Marcel Breuer y la silla Barcelona de Mies van der Rohe.

ABAJO A LA IZQUIERDA: Las líneas naturales de la silla Toro de Arne Jacobsen impactan más en una sala de estar de arquitectura tradicional y proporciones clásicas.

ABAJO A LA DERECHA: Para exhibir una silla de líneas fluidas, yuxtaponla con siluetas que contrasten. En este piso de Londres, las líneas curvas de la butaca se realzan con los contornos cuadrados de un asiento en forma de cubo y una moderna chimenea.

ARRIBA A LA IZQUIERDA: La butaca baja tapizada con estructura de madera se hizo popular en los cincuenta, cuando los diseñadores de mobiliario de la posguerra se alejaron de los pesados conjuntos de tres piezas de principios del siglo XX.

ARRIBA A LA DERECHA: La silla Cherner fue un diseño clásico de los cincuenta y hoy día todavía se fabrica bajo especificaciones originales. Sus elegantes brazos son su claro rasgo distintivo.

DERECHA: Tómate tu tiempo para profundizar en la historia de un diseño de silla en concreto. La silla Antony, diseñada en 1950 por Jean Prouvé, fue ideada originalmente para uso comercial.

EN ESTA PÁGINA: Pasados los cincuenta, el fornido sofá recuperó el favor del público. Este clásico diseño segmentado, creado originalmente por De Sede en los setenta, aporta a la habitación un ambiente maravillosamente retro.

DERECHA: En este apartamento de Nueva York, la atmósfera pop de los sesenta convive con mobiliario contemporáneo personalizado. Un buen carpintero debería ser capaz de copiar un diseño retro especialmente apetecible.

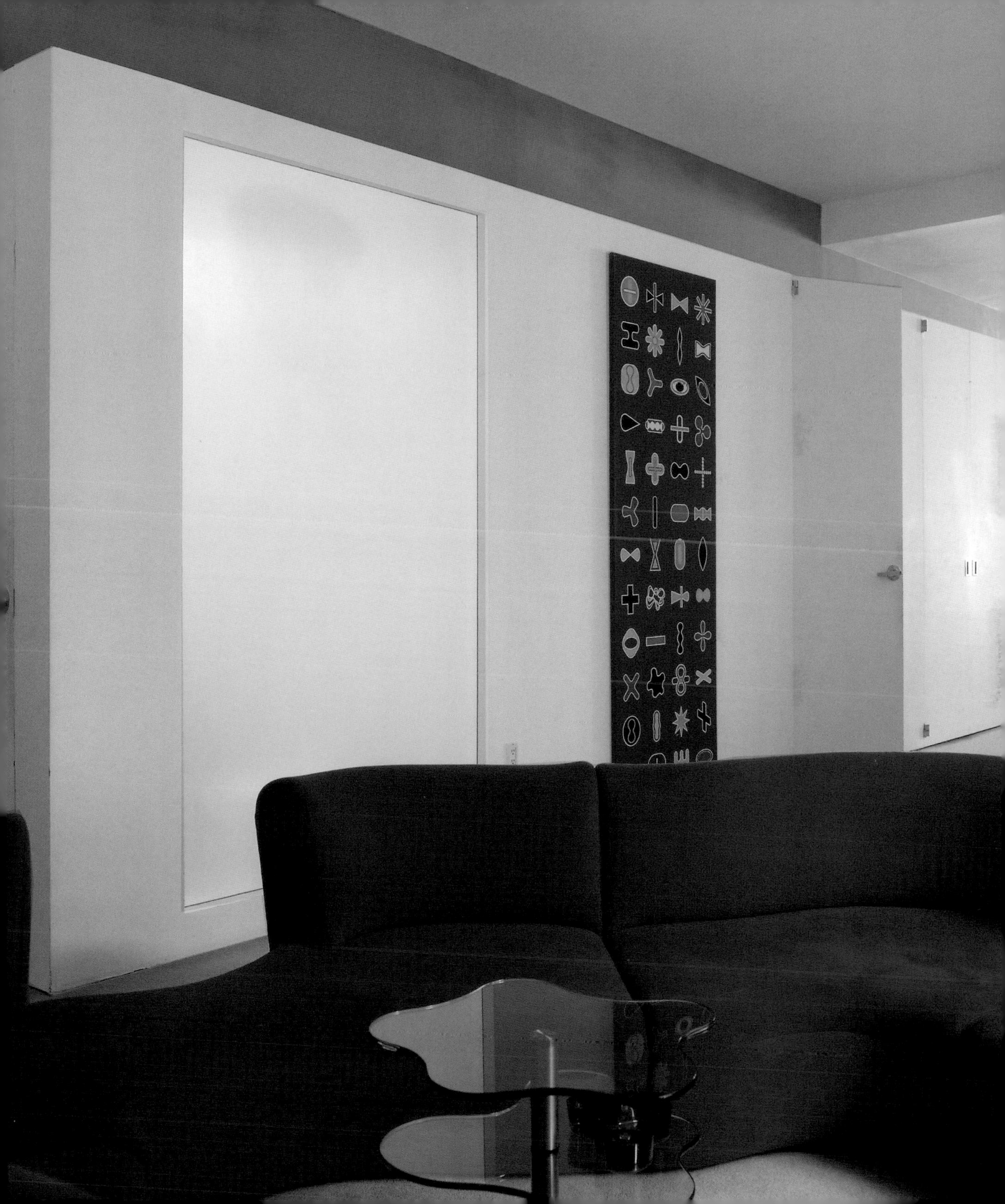

En los años treinta apareció la madera laminada, empleada por Alvar Aalto para su famoso taburete apilable de abedul, y tras la Segunda Guerra Mundial, Charles y Ray Eames produjeron sillas como la LCW, en un contrachapado de abedul moldeado y doblado, y la innovadora DAR en fibra de vidrio, acero y goma. Cualquiera de éstas encajaría en una sala de estar vintage urbana de planta abierta y aportarían un toque retro a una cocina o comedor modernos.

Los años cincuenta trajeron sillas ligeras que podían moverse fácilmente por espacios abiertos. Los diseños clave de la época incluyen la silla Diamante de Harry Bertoia y la silla Serie 7 de Arne Jacobsen. Las sillas originales de un diseñador conocido resultarán caras, pero muchas otras de esa época tienen un aire similar y son más económicas.

A finales de los cincuenta y sesenta, se experimentó con el plástico, dando lugar a diseños como la silla

ARRIBA A LA IZQUIERDA:
El confort y la utilidad deberían influir en la toma de decisiones a la hora de comprar un sofá. El sofá victoriano solía fabricarse con las proporciones adecuadas, siendo una elección clásica y fiable para una sala de estar familiar.

ARRIBA A LA DERECHA:
Los diseñadores de muebles del siglo XX han propuesto elegantes variantes de la tradicional *chaise longue*. La PK24, diseñada en 1965 por Poul Kjaerholm, está fabricada en mimbre entretejido y acero inoxidable. Es tan confortable como atractiva.

ENFRENTE: Los sofás de la última mitad del siglo XX tienen la tendencia a aparecer llenos de bultos, así que deshaz esta imagen combinándolos con unas sillas elegantes. Aquí, un oscuro sofá de piel se equilibra con una butaca Barcelona de color blanco.

EXISTE UNA RAZÓN POR LA QUE LOS ICONOS DEL MOBILIARIO SIGUEN SIENDO POPULARES. ESTOS CLÁSICOS COMBINAN ELEGANCIA DE LÍNEAS Y CONFORT CON UN GUIÑO NOSTÁLGICO AL PASADO RECIENTE.

Panton, de Verner Panton, de líneas curvas y polipropileno, y la silla Polyprop de Robin Day. En los setenta, algunos diseñadores se sintieron atraídos por la vanguardia, pero fabricantes como G-Plan optaron por el mobiliario fabricado en serie. Cualquiera de estos estilos encajaría con el vintage retro.

SOFÁS Y *CHAISE LONGUES*

El estilo vintage influye también en la elección del sofá. Si buscas una imagen destartalada-chic o vintage campestre, los abotonados sofás Chesterfield victorianos o los tradicionales *chaise longues* son perfectos. Para una imagen más urbana o retro, deberías optar por un curvilíneo sofá Art Decó de madera adornado en cuero, por un sofá de los cincuenta tapizado y montado en teca, o por un colorido sofá de los sesenta o setenta influenciado por la era espacial o el Pop Art con una forma serpenteante y una silueta curvilínea inusuales.

MESAS

Las mesas vintage también reflejan la experimentación llevada a cabo por diseñadores y arquitectos. Una recargada mesa de comedor victoriana tallada en caoba quedará perfecta en un elegante piso de ciudad, tal vez suavizada con unas sillas tapizadas en lino antiguo, mientras que una mesa auxiliar Art Nouveau o Art Decó de castaño o nogal lucirá muy elegante en un dormitorio vintage boudoir.

El mobiliario de la Segunda Guerra Mundial se fabricó con madera resistente, normalmente roble o caoba. Las robustas cocinas y mesas de comedor son perfectas para los reducidos espacios actuales y se ven divertidas cuando se combinan con unas modernas sillas de plástico moldeado.

Después de la guerra, los diseñadores experimentaron con esbeltas patas de madera y ligeras estructuras tubulares de acero, y utilizaron nuevos

materiales para los tableros de las mesas, como la
madera contrachapada y el vidrio. El ejemplo más
famoso es la mesa de pedestal Tulip de Eero Saarinen
para Knoll.

Si no puedes permitirte un clásico del diseño
auténtico, busca originales de Heals, Habitat y G-Plan,
que producen mesas económicas pero bien diseñadas en
maderas ligeras como pino, arce y haya.

La mesa de centro es un invento del siglo XX, pero no
hay que olvidar las bonitas mesas auxiliares de principios
del siglo XX en adelante. La clásica mesa auxiliar
regulable de Eileen Gray tiene un aspecto comedido, en
tanto que las de Art Decó y con espejos de los años
treinta son perfectas para el vintage boudoir. Las mesas
de centro de los años cincuenta, a veces con revisteros
integrados, resultan ideales para una habitación vintage
retro o urbana, al igual que las mesas nido de los años
setenta fabricadas en madera clara o en vidrio ahumado
y acero tubular.

EN ESTA PÁGINA: La clásica mesa de bandeja de mayordomo es muy versátil. Perfecta para servir bebidas en un salón o como mesa auxiliar en un comedor, es lo bastante robusta como para utilizarse en la cocina.

ENFRENTE, ARRIBA: En este apartamento americano de estilo sesentero, la cristalería de color rojo provoca un gran impacto.

ENFRENTE, ABAJO A LA IZQUIERDA: La popular mesa Tulip de los cincuenta, diseñada por Eero Saarinen, es ideal para un apartamento del siglo XX. En esta granja de Pensilvania se combina con unas sillas de campo francesas del siglo XIX.

ENFRENTE, ABAJO A LA DERECHA: Es fácil encontrar mesas auxiliares a precios razonables, y éstas aportan más encanto que una versión moderna. Combinada con una elegante silla baja, esta decorativa mesa sirve también para las bebidas.

EN ESTA PÁGINA: Puedes utilizar libremente nuevas ediciones de muebles vintage clásicos. En esta casa de los cincuenta, las reediciones de un sofá George Nelson y de una mesa de centro parecen ser realmente auténticas.

A LA IZQUIERDA: A la hora de mezclar piezas vintage se permite romper totalmente las reglas. En esta ambiciosa combinación, las clásicas sillas Serie 7 de Arne Jacobsen conviven con una rústica mesa antigua francesa.

ESPEJOS

Los espejos antiguos pueden resultar algo caros, pero muchos modelos de los siglos XIX y XX son accesibles. Algunos marcos llegaron a bañarse en dorado y al desconcharse con el paso del tiempo resultan perfectos para el ambiente vintage. Para un resplandeciente estilo boudoir, escoge un centelleante espejo veneciano; para el vintage campestre, elige uno con la pintura desgastada. Si das con un divertido espejo de los sesenta o setenta influido por la era espacial, lucirá estupendo en una habitación retro, mientras que un espejo de los treinta de formas extravagantes, o uno Art Decó aportarán glamour a un espacio contemporáneo.

ARRIBA: Si el mobiliario es muy elaborado, opta por un estilo de espejo más sencillo. Busca marcos dorados o pintados a mano que estén desgastados y vidrio manchado con pequeñas imperfecciones, mucho más interesante que el vidrio nuevo, que resulta demasiado perfecto.

DERECHA: Un espejo es tanto una pieza de mobiliario como un elemento decorativo para la pared. Por ello, al colgarlo asegúrate de que cumple ambas cosas. En esta habitación dispuesta de forma simétrica, un espejo liso funciona especialmente bien.

IZQUIERDA: Un espejo francés dorado del siglo XIX siempre es una elección acertada. Menos siempre es más: en este modesto recibidor, un espejo decorativo gigante aporta impacto sin necesidad de otras piezas de gran formato.

- Si el asiento de una butaca de cuero está desgastado, en vez de volver a tapizar toda la pieza, encarga un nuevo cojín relleno de plumas.

- Un especialista en cuero debería encontrar cuero antiguo para confeccionar lo más fielmente posible nuevos cojines que encajaran con el resto de la pieza.

- Vuelve a teñir los arañazos del cuero viejo empleando un betún que combine y cose los pequeños agujeros.

Cuidados del cuero vintage

El cuero es el material preferido para tapizar sillas, sofás y canapés, ya sean los abotonados chesterfields victorianos o las confortables butacas club eduardianas. La desgastada pátina del cuero forma parte de su imperecedero encanto. La vieja tapicería de cuero debe limpiarse con detergente para cuero y abrillantarse con un paño suave. Utiliza un limpiador especial para las pequeñas manchas: algunos especialistas ofrecen antiguos juegos de herramientas que incluyen tintes para retocar desperfectos. Nunca emplees agua y jabón. En caso de derramarse agua, recógela con papel de cocina; para tratar manchas de grasa nuevas, espolvorea polvo de talco. Mantén el mobiliario de cuero lejos de fuentes directas de calor, o se agrietará más.

ARRIBA Y DERECHA: El tostado y el negro son tonos clásicos del cuero empleados en todo tipo de zonas, pero busca los rojos, amarillos, verdes y azules de los años cincuenta y sesenta.

IZQUIERDA: Esta butaca club de cuero es un clásico ideal para un interior urbano o para el vintage campestre.

ILUMINACIÓN

Tanto si inviertes en una impactante lámpara de araña como en un par de discretas lámparas de mesa, el estilo de iluminación que escojas realzará la ambientación de tu hogar. Cuando hayas encontrado tu accesorio de iluminación vintage, tendrás que cablearlo de nuevo para poder usarlo con las instalaciones eléctricas actuales. Para evitar sorpresas desagradables, es mejor dejar la reparación y limpieza de las lámparas a un profesional especializado en la restauración de dichas piezas.

LÁMPARAS DE ARAÑA Y COLGANTES

La mayoría de arañas fueron diseñadas tanto para sostener velas como, desde finales del siglo XIX, lámparas de aceite. Si andas buscando un estilo delicado, evita los grandes diseños victorianos y opta por versiones más pequeñas del siglo XX o interpretaciones kitsch de los cincuenta.

ABAJO A LA DERECHA: En un espacio moderno, experimenta con un llamativo accesorio de iluminación. Esta pieza de David Weeks comparte el espíritu de los clásicos diseños de mediados del siglo XX de Serge Mouille.

ABAJO A LA IZQUIERDA: Una antigua lámpara de araña aporta encanto vintage de forma instantánea, pero ten cuidado con el tamaño. En este magnífico salón, con fuertes proporciones clásicas, una araña pequeña habría pasado casi desapercibida.

EN ESTA PÁGINA: Los accesorios
de iluminación colgantes de los
sesenta y setenta exhiben a menudo
cristal mate y originales siluetas.
Antes de adquirir una lámpara de
coleccionista, comprueba si
funciona correctamente.

A lo largo del siglo XX, la lámpara colgante central sustituyó a la araña. Para un ambiente Art Nouveau o Art Decó, busca las típicas pantallas de vidrio moldeado de color blanco o tonos pastel de la época. Tras la Segunda Guerra Mundial, los escandinavos produjeron algunos de los estilos clásicos del periodo: en especial, la lámpara PH-5, diseñada por Poul Henningsen, y la lámpara AJ con forma de cúpula de Arne Jacobsen, que siguen siendo clásicos para el seguidor del vintage retro.

En los años sesenta y setenta (a excepción del extraordinario diseño Bulb de Ingo Maurer) las lámparas colgantes tendían tanto hacia las siluetas armónicas como a reflejar la fascinación por la era espacial. Las puntiagudas arañas de estilo Sputnik en vidrio y cromo, y las arañas con cubos de vidrio mate o coloreado fueron muy populares. Si buscas un ambiente vintage urbano, utiliza pantallas colgantes de esmalte de

UNA LUZ COLGANTE DOMINA LA LÍNEA VISUAL, POR LO QUE DEBES ESCOGER UNA FORMA LLAMATIVA Y A GRAN ESCALA PARA ESTABLECER EL TONO DE LA DECORACIÓN, DESDE LAS ARMÓNICAS PIEZAS RETRO HASTA LAS ROBUSTAS DE ESTILO INDUSTRIAL.

ENFRENTE A LA IZQUIERDA: Las luces colgantes de plástico fruncidas son muy representativas de los setenta, sobre todo después de que en 1971 Poul Christiansed diseñara Le Klint, a partir de una sola lámina de plástico plegado.

ENFRENTE A LA DERECHA: Los accesorios de iluminación colgantes de antiguas fábricas son una maravillosa elección para encima de una mesa de comedor o una isla de cocina. También puedes comprar versiones nuevas en un estilo retro similar.

ARRIBA A LA IZQUIERDA: Las viejas luces de estudios fotográficos, o los focos marinos o de fábricas son divertidas soluciones decorativas. Están disponibles tanto en metal pulido como en el acabado desgastado original.

ARRIBA A LA DERECHA: Los diseños de lámparas con pantallas metálicas de formas redondas, cónicas o cilíndricas fueron populares a partir de los cincuenta. Busca lámparas de suelo con brazos regulables para crear una silueta impactante, a la vez que un excelente ambiente.

antiguas fábricas, o telas retro de estampado abstracto para hacer pantallas colgantes con forma de tambor que puedas colgar bajo una mesa de comedor.

LÁMPARAS DE PIE Y AUXILIARES

La correcta elección de una lámpara de pie puede imprimir un intenso sello vintage en una habitación. Por ejemplo, una base de lámpara eduardiana de madera torneada, combinada con una pantalla de seda y borde de borlas, encajará perfectamente en una sala de estar de estilo vintage campestre. Las exóticas lámparas de pie de cromo con pantallas de vidrio en forma de globo, y las bases de maderas inusuales como el nogal, fueron populares durante el periodo Art Decó, y visten un ambiente vintage boudoir. A medida que avanzaba el siglo XX, las lámparas de pie adoptaron una silueta de corte limpio. Uno de los estilos más perdurables es el

clásico Bestlite BL3, o treinta años más tarde, la lámpara de pie Arco de Achille y Pier Castiglioni.

Las lámparas auxiliares vintage no son demasiado caras y resultan una excelente manera de reforzar la atmósfera de un periodo concreto en una habitación. Las luces auxiliares Art Decó de cromo y vidrio transparente o mate se ven extremadamente glamurosas, en tanto que las pantallas angulosas y con forma de florero de los años cincuenta dan una sensación más simple y de líneas limpias que encajan bien con un interior vintage retro. Para añadir una pizca de vintage retro a una sala de estar desenfadada, no puedes olvidar la clásica e incombustible lámpara de lava, que apareció por primera vez en el año 1963 y que actualmente vuelve a fabricarse y comercializarse en todo el mundo.

EN ESTA PÁGINA: Para una iluminación auxiliar elegante, opta por lámparas de mesa de época con bases en cerámica, cristal de Murano o decapadas. Escoge colores vivos para un interior moderno y apagados para el estilo vintage boudoir. Combínalas con una pantalla lisa.

ENFRENTE, ARRIBA: Las lámparas auxiliares con forma de champiñón se hicieron populares a finales de los sesenta y setenta. A menudo estaban disponibles en chillones colores Pop Art, así como en tonos monocromáticos.

ENFRENTE, ABAJO A LA IZQUIERDA: Con su pie telescópico y arqueada silueta, la lámpara Arco, diseñada en 1962 por Achille y Pier Castiglioni, sigue siendo un clásico del siglo XX. Esta lámpara de pie aportará elegancia a cualquier sala de estar con una imagen vintage retro.

ENFRENTE, ABAJO A LA DERECHA: La clásica lámpara de pie con una pantalla de tambor lisa, proporciona un excelente ambiente de iluminación y aporta un aire retro a la sala de estar.

DERECHA: La iluminación de estilo industrial con brazos extensibles o soportes flexibles realiza una excelente tarea de iluminación. Escoge acero brillante para un ambiente sofisticado y metal sin restaurar para una imagen más descuidada.

ABAJO: A medida que avanzaban los setenta, las luces de trabajo se volvieron más pequeñas y sencillas. La lámpara Tizio de Richard Sapper, diseñada en 1972, fue una de las predecesoras de las aerodinámicas lámparas de escritorio actuales.

ENFRENTE: La sencillez clásica de esta lámpara de pared articulada de los cincuenta, permite utilizarla en la cocina. Pero si prefieres instalarla en un dormitorio, busca variantes decorativas originales, con pantallas de vidrio o metálicas con forma de concha.

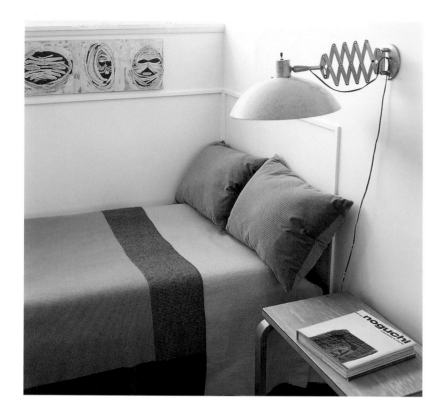

LÁMPARAS DE TRABAJO

La más icónica de todos los tiempos es la lámpara Anglepoise, patentada en 1932 y en producción durante cerca de cincuenta años. Nada puede con su ingeniería y su sencillez, y aún es posible adquirir originales en varios colores. Si la pintura está ligeramente desconchada, mucho mejor. Realmente encaja con una atmósfera vintage industrial. Si ya te has convertido en todo un coleccionista de vintage retro puedes decantarte por lámparas de diseñadores como Eileen Gray, Christian Dell y Marianne Brandt, autores de bellas lámparas de trabajo de formas sencillas y todavía funcionales. Para una atmósfera de los sesenta y setenta, busca lámparas de lectura en colores Pop Art y en siluetas naturales: las formas de champiñón fueron especialmente populares.

TEJIDOS DE DECORACIÓN

Encontrar tejidos vintage atractivos no es tarea fácil. Los sitios web, tiendas y proveedores especializados ofrecen los mejores productos, pero también puedes visitar ferias de telas antiguas. Algunos proveedores ofrecen una amplia selección, desde la época victoriana hasta los setenta, mientras que otros se centran en la segunda mitad del siglo XX. Incluso los hay que sólo se dedican a las telas de diseñadores famosos, lo que comporta elevados precios. Después están los que venden telas en rollo, los que tienen piezas más pequeñas (por ejemplo, las muestras originales del fabricante) y quienes venden cortinas y colchas vintage.

También puedes buscar mantelerías, servilletas, trapos y telas monogramadas en tiendas de objetos usados, mercadillos e, incluso, en eBay. Si estás pujando en un sitio web, lee las descripciones y observa las fotografías. Aunque es estupendo encontrar telas en perfecto estado, recuerda que un agujero o una mancha puntual siempre puede recortarse, ocultarse con appliqué o zurcirse. Y aunque está bien lavar la ropa blanca en la lavadora, es mejor que laves a mano o en seco las telas más delicadas como la seda, los bordados e incluso el algodón. Los detalles delicados, como los botones de madera o nácar, o el encaje, también necesitan cuidados especiales.

ELECCIÓN DE LA TELA

Escoge las telas en función del estilo que desees: las telas antiguas de textura basta, en ocasiones con una raya de color, son ideales para ambientaciones vintage costeras o campestres. El algodón floreado y la ropa blanca bordada visten interiores sencillos de estilo vintage. Busca tejidos de algodón o lino de los años treinta con pequeños motivos florales, o estampados de hojas de los cuarenta, o de rosas en todo su esplendor. Las telas de delicados motivos florales del siglo XIX y del Art Nouveau se ven recatadas en un ambiente boudoir, mientras que los estilizados y gráficos estampados Art Decó combinan especialmente bien con un mobiliario de espejos.

La atmósfera de posguerra de los años cincuenta se centró en los estampados abstractos y de colores vibrantes. Busca telas de dicho estilo para recrear un ambiente vintage retro. Aunque la diseñadora clave del periodo fue Lucienne Day, cuyos caprichosos diseños abstractos son fáciles de

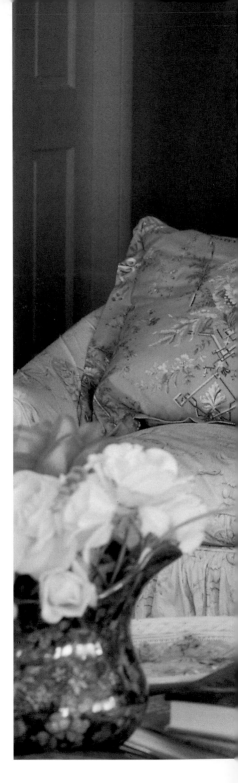

segunda mano. Si tienes suficiente tela vintage, puedes emplearla para hacer cortinas del estilo apropiado. Cose cretona de los años treinta, por ejemplo, en unas generosas cortinas fruncidas; o aplica un divertido estampado de los cincuenta a un estor liso.

Si solamente dispones de un pequeño trozo de tela, prueba a usarlo como panel, bordeándolo con una tela moderna que contraste en textura y colores. También puedes coser juntas varias tiras de tela vintage en la parte inferior de una cortina para darle la longitud extra necesaria.

COJINES

Las fundas de cojín permiten aprovechar pequeños retales de tejidos vintage, e incluso pañuelos de seda. Cose trozos muy pequeños en una pieza de tela mayor o busca especialistas en ropa blanca antigua que hagan

reconocer, hay muchas telas de los años cincuenta de diseñadores desconocidos que puedes conseguir a precios más bajos. Busca diseños caprichosos: desde estampados frívolos hasta coches, aeroplanos y motivos de frutas y verduras para la cocina. En los años sesenta, cuando las corrientes estéticas del Pop Art y el Flower Power estaban en su pleno apogeo, había gran variedad de diseños, desde monocromáticos topos y rayas en blanco y negro hasta grandes flores abstractas y psicodélicos estampados de cachemira. En la década de los setenta, cuando la combinación de marrón y naranja fue el esquema cromático dominante, las espirales gráficas y las impresiones florales fueron los motivos más populares.

CORTINAS Y ESTORES

Puedes escoger entre hacer cortinas y estores nuevos con tela vintage, o adaptar los que encuentres de

EN ESTA PÁGINA: Personalizar telas viejas valiosas, ya sea un chal o un retal antiguo, es una buena práctica vintage. Esta cortina se confeccionó cosiendo la mitad de un sari de seda y una tela lisa.

A LA IZQUIERDA, ARRIBA: Las telas vintage delicadas, como el encaje o el lino fino, son una buena elección para crear estores, especialmente si se combinan con unas clásicas contraventanas de madera. Emplea la tela sin forro: un panel liso o un sencillo estor enrollable es lo que funciona mejor.

A LA IZQUIERDA, ABAJO: Si dispones de suficiente tela de segunda mano como para convertirla en unas cortinas que lleguen hasta el suelo (y si el estampado es lo bastante atractivo), escoge un estilo liso para mostrar los motivos vintage y los colores en todo su esplendor.

A LA IZQUIERDA: Aunque a menudo se ha relacionado con un estilo poco elegante, el patchwork puede resultar muy moderno. También es una forma ingeniosa de emplear retales de material vintage para confeccionar cortinas hasta el suelo, colchas o edredones nuevos.

ARRIBA: Unos trozos de encaje, unas viejas sábanas bordadas e, incluso, una mantelería antigua pueden cortarse a la medida y colgarse como unas elegantes cortinas para un decorativo ambiente boudoir. Las de la imagen muestran un encaje con flecos que se ha empleado para crear una delicada galería.

DERECHA: Escoger el uso de tejidos de segunda mano no es una simple cuestión de encontrar material estampado de una época en particular. Si os gustan lisos, concentraos en la textura: las telas se suavizan bellamente con los años, así que buscad lino, algodón y seda vintage, y mezcladlo todo.

ABAJO: No todas las telas antiguas tienen que buscarse cerca de casa. Puedes decantarte por piezas viejas de telas bordadas del Lejano Oriente (esta *chaise longue* expone cojines dorados y mantas birmanas) para crear una atmósfera exótica.

cojines nuevos bajo pedido empleando viejas piezas monogramadas como elemento central; perfecto para un interior vintage campestre.

A la hora de hacer fundas de cojines, no tienes que atenerte a las formas cuadradas; los cojines largos y rectangulares, los de rulo y los redondos son interesantes variantes, al igual que para una habitación retro de los setenta, quedan muy bien los cojines de suelo gigantes.

Disfruta mezclando y combinando telas, pero mantente siempre que puedas en una línea; por ejemplo, en el vintage boudoir, una *chaise longue* se ve bonita sepultada bajo cojines de seda con flores bordadas, pero en una habitación vintage retro, un sofá de los cincuenta se realza con cojines de diferentes estampados gráficos y de un solo color: azul o marrón, por ejemplo. Y finalmente, no rellenes demasiado los cojines; las telas vintage se ven mucho mejor en unos cojines blandos.

Volver a tapizar sillas

- ■ Volver a tapizar en una tela oscura y elegante realza una silla de bella silueta y estructura dorada.

- ■ Pon al día una silla con antiguas sábanas de lino. Usa un viejo saco de grano si simplemente hay que recubrir el asiento.

- ■ Utiliza cordones o botones de un color que contraste, clavos de tapicería decorativos o nuevos adornos para hacer más elegante una silla vintage que se ha vuelto a tapizar.

Cuando tengas la tentación de comprar una butaca vintage, recuerda que seguramente tendrás que tapizarla de nuevo, así que tenlo en cuenta de cara al presupuesto final. Para saber si una silla necesita tapizarse de nuevo, pasa la mano por debajo de la base; si la cincha está floja y los muelles no están derechos, la pieza necesita un tapizado. O bien prueba a sentarte en ella: si te hundes demasiado, es que la cincha ha cedido. Tapizar de nuevo una silla te da la oportunidad de volver a ensamblar la estructura y comprobar si hay carcoma. Si encuentras una silla con brazos y patas de madera, y un asiento y respaldo tapizados, no caigas en la tentación de restaurarla en exceso; una pintura o dorado descascarillados le aportarán cierto atractivo.

ARRIBA: Las telas clásicas de buena calidad se desgastan bien, por lo que no siempre es necesario tapizar de nuevo.

IZQUIERDA Y DERECHA: Al renovar una silla con estructura de madera, elige tela neutra para combinar con los tonos suaves de un marco desgastado, y oscura para contrastar con dorados.

ACCESORIOS DE DECORACIÓN

Los accesorios de decoración permiten dar el último toque personalizado a nuestro hogar. Mientras que algunos buscan la exposición masiva de objetos, otros pueden preferir pocos pero escogidos. Con este estilo, la diversión reside en mezclar el vintage con todo aquello que ya tenemos.

PINTURAS Y FOTOS

Cualquier tipo de imagen encaja en una casa vintage. Si tu gusto es tradicional, compra acuarelas victorianas o láminas de perros o paisajes. Si te gusta el arte del siglo XX pero no puedes permitirte los grandes nombres, busca obras de artistas menos conocidos.

Las fotografías en blanco y negro son una alternativa más económica y pueden encontrarse en sitios web especializados. Las ilustraciones de moda y de libros, o los carteles de películas aportan un fuerte ambiente vintage.

ARRIBA A LA IZQUIERDA: Es esencial planificar la exposición de una colección de láminas, pinturas y fotografías enmarcadas. Esta disposición aparentemente informal ha sido colocada de forma ingeniosa sobre unas estrechas estanterías.

ARRIBA A LA DERECHA: Unas paredes cubiertas por tus tesoros resultarán impactantes, pero escoge elementos unificadores. Aquí, las paredes de color vivo reúnen objetos dispares: una expone colecciones de mariposas y la otra, obras de arte del propietario de la casa.

EN ESTA PÁGINA: Si el objetivo es lucir una colección temática, resulta de ayuda prestar atención a los detalles. Esta exposición de dibujos y fotografías de moda aparece relajada, pero se ha buscado que los colores y los tonos sean similares.

EN ESTA PÁGINA: Una exposición de cristalería de colores necesita tener luz y espacio a su alrededor. Aquí cada pieza de vidrio es diferente en términos de periodo, estilo y forma, pero la disposición funciona porque los colores son de tonos complementarios.

A LA DERECHA: Existe un gran atractivo en la muestra masiva de porcelana, y la belleza reside en la similitud del color y el diseño. Esta colección de cerámica de color crema, desde platos de concha hasta salseras, ha sido colocada de forma simétrica para maximizar su impacto.

CRISTALERÍA Y CERÁMICA

Coleccionar piezas de cristalería y cerámica puede resultar tan sencillo como escoger un tema o color e irle incorporando elementos poco a poco. Puedes adquirir piezas sueltas económicas de cristalería georgiana o victoriana, o de la variada cristalería del siglo XX. El Art Nouveau y el Art Decó siempre son populares, y el cristal de taller escandinavo de los cincuenta es muy coleccionable, como también lo son los divertidos jarrones Handkerchief.

La porcelana del siglo XX incluye costosas piezas de diseñadores como Clarice Cliff y Susie Cooper. Más económicos son los servicios de mesa Art Déco, las piezas de los cincuenta y sesenta de Portmeirion, Denby, Hornsea, Midwinter y Poole Pottery, y la cerámica escandinava de los cincuenta a los setenta.

OBJETOS DECORATIVOS MÁS GRANDES

Muchos sitios web y tiendas de viejo ofrecen objetos excéntricos o simplemente extraños que pueden aportar mucho carácter al hogar si sabemos adecuarlos al conjunto. Una habitación pequeña con un objeto arquitectónico inmenso, como una antigua puerta de hierro, una columna de mármol o un desgastado busto de escayola lucirá impactante. Trata un hallazgo semejante como una auténtica pieza de arte: colócalo contra una pared en blanco, ilumínalo con gracia y deja que brille en todo su esplendor.

IZQUIERDA: Si tienes objetos vintage a gran escala que exponer, piensa en diferentes formas para realzarlos. Aquí, las paredes azul oscuro y la tapicería violeta crean un fondo sombrío; el contraste perfecto para la exótica lámpara y el dorado espejo rococó.

DERECHA: En esta habitación tan clásica, un radiador de metal vintage, oxidado y sin tratar, se ha reconvertido en una bella pieza de escultura. A su lado se ha colocado una lámpara vintage para poder iluminar la pieza.

Exponer porcelana y cristal

- ■ Antes de exponerla, limpia la porcelana vintage con agua tibia jabonosa.

- ■ Añade vinagre blanco al agua del aclarado cuando limpies cristal, para evitar que se empañe. Un trozo de papel de periódico enrollado absorberá bien el exceso de humedad.

- ■ Quítale el polvo a tus colecciones con un pincel suave, mejor que con un trapo, ya que podría engancharse en las zonas rugosas de las piezas.

Cuando expongas porcelana y cristal de valor, escoge un lugar alejado de las vibraciones y el calor directo. Muestra la porcelana sobre una repisa de la chimenea, una mesa de consola o estantes abiertos, o bien ponla en la pared con unos soportes. Una cristalería queda impactante dispuesta de modo que la luz natural pueda brillar a través de ella (cerca de una ventana o sobre estantes de vidrio) o enfrente de un espejo para crear bonitos reflejos. Los jarrones de cristal colocados en orden descendente también quedan bien. Dispón unas figuras de cerámica en círculo y otras en línea. Mezcla porcelana y cristal utilizando el color, el estilo de la época o la forma como temática. Y haz cambios regularmente para imponer cierto dinamismo.

IZQUIERDA Y ARRIBA: Disponer las piezas según el color (turquesa o transparente contra una pared blanca) resulta muy efectivo.

DERECHA: Muestra los objetos con sentido del humor, como estas figuras de hojalata que miran expectantes una pequeña lámpara vintage.

Direcciones

Especialistas en vintage

VINTAGE CHIC
Información on-line sobre decoración, fotografía y diseño
www.vintage-and-chic-blogspot.com

RETRO WOW
Información on-line sobre mobiliario, iluminación y estilo,
de las décadas de los 50, 60 y 70
www.retrowow.co.uk

Mobiliario y accesorios vintage

ULTIMA PARADA
Muebles y objetos del s. XX
Roselló, 271 bajos
08008 Barcelona
Tel. 932 177 890
www.ultima-parada.com

CENT-NORANTA
Venta de muebles y objetos antíguos;
restaurados o por restaurar
Dos de Mayo, 190
08013 Barcelona
Tel. 932 321 506

SUPER STUDIO
Aribau, 326-328
08006 Barcelona
Tel. 932 417 330
www.superstudio.com

TOKIO STORY
Mobiliario de los años 50, 60 y 70.
Dos de Mayo, 12
48003 Bilbao
Tel. 944 790 393
www.tokyostory.biz

ALABARCE
Destacan su mobiliario y accesorios de línea provenzal
Bailén, 223
08037 Barcelona
Tel. 933 012 161

ART & CO
Especialistas en mueble colonial y complementos
Diputación, 302
08009 Barcelona
Tel. 933 185 317

MERCADER DE VENECIA
Muebles exportados de otros países
La granada, 6
08006 Barcelona
Tel. 934 158 548
www.mercaderdevenecia.com

JUST A LA FUSTA
Piezas curiosas restauradas o para restaurar
La cera, 1
Tel. 606 655 175

ZARA HOME
www.zarahome.com

MUSGO
Serrano, 61
Tel. 915 778 862
www.musgo.com

YOUTOPIA
Espacio ecléctico que exhibe todo tipo de objetos originales, vintage
Santa Feliciana, 9
28010 Madrid
Tel. 914 488 911
www.youtopia.es

TIEMPOS MODERNOS
Destacan sus piezas art decó cuidadosamente restauradas
Arrieta, 17
28013 Madrid
Tel. 915 472 181
www.tiempos-modernos.com

ULTIMA PARADA
Venta y alquiler de muebles y lámparas del s. xx
Taulat, 93
08005 Barcelona
Tel. 932 218 078
www.ultima-parada.com

BABIA
Piezas únicas de las décadas de los 50 a los 70
Zelai, 48
31800 Navarra
Tel. 948 568 723
www.babia.info

MOOOI
Mobiliaro de diseño «onírico» con un toque vintage
Distribuye B & B italia store Barcelona
Paseo de grácia, 99
08007 Barcelona
Tel. 934 676 169
www.moooi.com

Dormitorios vintage

ROCHE BOBOIS
Destacan sus dormitorios de inspiración romántica y vintage
con acabados envejecidos y formas curvas.
Muntaner, 266-268
08021 Barcelona
Tel. 932 404 055

BIANCA & FAMILY
Tienda on-line francesa especialista en dormitorios infantiles y
restauración de pupitres y sillas de escuela antiguas
www.bianca-and-family.com

Baños vintage

OTRANTO
Elementos de arquitectura antigua
Paseo San juan, 142
08037 Barcelona
Tel. 932 072 697

EUROLEGNO
Destaca su linea de mobiliario Amarcord
con estilo vintage
www.eurolegno.il

ARQUITECT
Toda clase de elementos para el baño
Dolors Graners, 79
08440 Barcelona
Tel. 938 444 070
www.arquitect.net

Cocinas vintage

DEULONDER
Combinación suave de colores y efecto rústico pero a la vez
moderno, donde cada detalle importa.
Muntaner, 231
Tel. 932 017 998
www.deulonder.com

LINCAR
Cocinas de leña y radiadores antiguos
Tel. 902 877541
www.climalis.com

SMEG
Pio Baroja, 5
28009 Madrid
Tel. 914 008 172
Neveras y lavavajillas modernos con un aire retro
www.smeg.com

Cristal y cerámica vintage

IVO & CO
Objetos y accesorios retro-vintage
Rec, 20 bajos 2ª
08003 Barcelona
Tel. 932 683 331
www.ivoandco.com

SIA
Toda clase de complementos para el hogar,
destacan sus flores artificiales.
Provenza, 266
Tel. 932 152 853
www.sia-homefashion.com

RIERA
Amplia colección de vajillas y cristalerias
Aragón, 284
08007 Barcelona
Tel. 932 151 413
www.riera.es

MAISONS DU MONDE
Muebles y accesorios de todos los estilos y paises
Avda. Diagonal, 405
08008 Barcelona
Tel. 933 683 207
www.maisonsdumonde.es

Espejos vintage

ESPEJOS BETANCOURT
Exquisita colección de espejos y marcos moldurados, con
infinitos acabados como dorados, plateados envejecidos, etc.
Compte de Borrel, 32, 3º-1ª
08015 Barcelona

CIACCI KREATY
Espejos modernos con aire rococó
Distribuye Jose Forriols
Tel. 610 460 746
www.kreaty.com

Iluminación

LA CABINA
Luminarias y muebles recuperados de los 50, 60 y 70
Curia, 16
31001 Pamplona
Tel. 948 210 869

MODERNARIO
Lámparas, muebles y arte. Especial énfasis en diseño
escandinavo de mediados del siglo xx (wegner, panton,
jacobsen etc.)
Santa María, 20
28017 Madrid
Tel. 913 697 678
www.modernario.es

BIOSCA & BOTEY
Diagonal, 458
08006 Barcelona
Tel. 932 387 373
www.bioscabotey.com

A MEDIA LUZ
Candelabros y velas
Pasage Luis Pellicer, 15
08036 Barcelona
Tel. 933 215 742
www.velasamedialuz.com

BAROVIER & TOSO
Maravillosas lámparas de araña en cristal de murano
de todos los colores
www.barovier.com

Ferretería

BOLIVAR
Especialista en bronces y metales.
Pomos, asas y tiradores
Rambla Cataluña, 43
08007 Barcelona
Tel. 934 883 434
www.bolivar.com

ARNEGOL I VILUMARA
Pomos y manetas de todo tipo
Via layetana, 52
08003 Barcelona
Tel. 932 684 980
www.armengol-vilumara.com

ARTLUMEN
Pequeño material electrico, especialistas en elementos
rústicos en porcelana, madera...
Plaza de las Glorias, 19-22
08013 Barcelona
Tel. 932 462 849

Téxtil

TAPICERÍAS GANCEDO
rbla. Cataluña, 97
08008 Barcelona
Tel. 944 422 873
www.tapicerias-gancedo.com

LIENZO DE LOS GAZULES
Tel. 902 152 650
www.lienzogazules.com

MAISON DÉCOR
Tel. 915 781 867
www.maisondecor.info

CASAMANCE
Tel. 902 010 956
www.casamance.com

LAURA ASHLEY
Maximo Aguirre, 11
48011 Bilbao
Tel. 944 352 892
www.lauraashley.es

OSBORNE & LITTLE
Distribuye casa & jardin
Tel. 915 767 604
www.osborneandlittle.com

HERITAGE
Textil antiguo
Banys nous, 14
08002 Barcelona
Tel. 933 178 515
www.heritagebarcelona.com

L´ARCA DE L´AVIA
Antigüedades textiles y ropa de hogar
Banys nous, 20
08002 barcelona
Tel. 933 021 598

Pintura

WERCKMEISTER
Tel. 647 629 301
www.artepintura.com

LA RESTAURADORA
Tel. 658 053 054
www.larestauradora.com

ARTS & CLAUS
Tel. 933 636 430
www.arts-claus.com

Papeles

PAPELES PINTADOS ARIBAU
papeles pintados de autor
Aribau, 71 08036 Barcelona
Tel. 934 544 338
www.trestintas.com

PAPELES DE LOS 70
Tel. 366 255 0556
www.papelesdelos70.com

DESIGNERS GUILD
Distribuye Usera Usera.
Tel. 915 779 461
www.designersguild.com

COORDONNE
Tel. 932 010 531
www.coordonne.es

OSBORNE & LITTE
Distribuye casa y jardín
Tel. 915 767 604
www.osborneandlittle.com

NINA CAMPBELL
Distribuye Gastón y Daniela.
Tel 965 200 613
www.ninacampbell.com

Alfombras y moquetas

THE RUG COMPANY
Distribuye BSB.
Tel. 917 812 753
www.therugcompany.info

BOCHART
Distribuido por Francisco Cumellas.
Tel. 932 007 173
www.toulemondebochart.fr

AB21
Tel. 902 212 001
www.ab21.es

Pavimentos de fibra natural

NATURTEX
Tel. 965 400 111
www.naturtex.es

SUMIGRAN
Sierra de Algodonales, 24
28500 Madrid
Tel. 918 718 310
www.sumigran.es

Pavimentos de piedra y cerámica

MOSAIC DEL SUR
Tel. 956 680 465
www.mosaicdelsur.com

NATUR PIEDRA
Tel. 921 412 539
www.naturpiedra.com

Pavimentos de madera

LABOR LEGNO IBERICA
Tel. 932 081 127
www.laborlegnoiberica.com

PARK HOUSE
Gerona, 133
08037 Barcelona
Tel. 932 077 280

Diseñadores

ADD + ARQUITECTURA
Tel. 933 034 660
www.addarquitectura.net

ADELA CABRÉ
Tel. 934 533 331
www.adelacabreinteriorismo.com

AMELIA ARÁN
Tel. 916 290 000
www.ameliaaran.com

ARANDA, PIGEM Y VILALTA
www.rcrarquitectes.es

AROLA
Tel. 933 075 369
www.estudiarola.com

ARRIBAS
Tel. 932 531 760
www.alfredoarribas.com

BRUFAU DISSENY D´ESPAIS
Tel. 932 311 210
www.espaisbrufau.com

CARRILLO
Tel. 914 415 071
www.carrillo-decor.com

DEULONDER
Tel. 932 017 998
www.deulonder.com

ÉBANO ARQUITECTURA
Tel. 965 522 184
www.alcoy.com/ebano

ESTRELLA SALIETTI
Tel. 934 173 110
www.esalietti.com

FERRATER
Tel. 932 385 136
www.ferrater.com

FRANCESC RIFÉ
Tel. 934 141 288
www.rife-design.com

FRANCESC PONS
Tel. 932 170 397
www.estudifrancescpons.com

GCA ARQUITECTOS
Tel. 934 761 800
www.gcaarq.com

GRIFE Y ESCODA
Tel. 934 155 455
www.grifeyescodadecoracion.co

ISABEL LÓPEZ QUESADA
Tel. 914 119 612
www.isabellopezquesada.com

JAVIER MUÑOZ
Tel. 915 642 463
www.javiermunoz.es

JOAN LAO
Tel. 934 159 337
www.joanlao.com

LÁZARO ROSA-VIOLAN
Tel. 932 454 104
www.contemporainstudio.com

MARIANO CONCHA
Tel. 933 624 800
www.marianoconcha.com

MARTA MORA
Tel. 912 314 169
www.martamora.com

NINA BERNAT
Tel. 934 875 474

NORMANN & SICART
Tel. 932 012 600
www.norrman-sicart.com

OJINAGA
Tel. 932 010 400
www.ojinaga.es

PACO MUÑOZ
Tel. 961 117 59 10
www.pacomunyoz.com

PASCUA ORTEGA
www.pascuaortega.com

RAIMON PARERA
Tel. 938 922 087
www.raimonparera.com

TARRUELLA & LOPEZ INTERIORISTAS
Tel. 932 531 169
www.tarruellalopez.com

TERESA SAPEY
Tel. 917 450 876
www.teresasapey.com

Agradecimientos por las imágenes

CRÉDITOS DE LOS FOTÓGRAFOS

Ken Hayden 41 arriba izquierda, 57, 67, 68-69, 76, 84, 114 arriba & 127 izquierda

Lucinda Symons portada, 11 arriba izquierda, 28 izquierda, 56, 58 & 73

Chris Tubbs 22

Simon Upton 1-7, 11 arriba derecha, centro & abajo, 12-13, 14, 16-25, 26 arriba, 27, 30-31, 34-37, 41 arriba derecha & centro, 42, 46, 47 abajo izquierda, 49, 51, 52-55, 59, 60 izquierda, 61 izquierda, 63, 66 abajo, 72, 77, 80, 81 izquierda, 82, 85, 86,88 derecha & izquierda, 89, 90-91, 93 arriba, centro izquierda & abajo, 94, 97 arriba izquierda & abajo, 100 derecha, 102 arriba & abajo izquierda, 103, 104, 106, 107 abajo, 108, 109 izquierda, 116, 127 derecha, 128-131, 133 & 135

Frédéric Vasseur 15, 32-33, 60 derecha, 61 derecha, 66 arriba, 76, 83, 95, 96 derecha, 97 arriba derecha, 111, 114 abajo derecha, 115, 120 abajo, 122-123 & 126

Fritz von der Schulenburg 29 & 79

Luke White 132 & 134

Andrew Wood 8-9, 23, 26 abajo, 38-39, 41 abajo, 43-45, 47 arriba & abajo derecha, 50, 62, 64-65, 74-75, 78, 81 derecha, 87, 93 centro derecha, 96 izquierda, 98-99, 100 izquierda, 101, 102 abajo derecha, 105, 107 arriba, 109 derecha, 110, 112-113, 114 abajo izquierda, 117-119, 120 arriba, 121 & 123-125

CRÉDITOS DE LAS LOCALIZACIONES
1 casa en Pennsylvania de Mark Gilbey & Polly Dickens; 2 casa en Upstate, Nueva York, de Frank Faulkner; 3 casa en Shropshire de Rupert & Caroline Spira; 3 abajo derecha, apartamento en París de Michael Coorengel & Jean-Pierre Calvagac; 3 abajo derecha, diseño de Frédéric Méchiche; 4 casa en Londres de Yvonne Sporre (diseño de J. F. Delsalle); 5 casa en Bridgehampton de Peri Wolfman y Charles Gold; 7 diseño de Frédéric Méchiche; 8-9 casa en East Hampton, diseño de Selldorf Architects; 11 arriba izquierda, Lounge, Londres, Ltd/Marian Cotterill Wallpapers; 11 arriba derecha, casa en Normandía de Emmanuel Renoird; 11 centro izquierda, casa en Francia decorada por Yves Gastou; 11 centro derecha, casa de Véronique López de Casa López; 11 abajo izquierda, apartamento en Londres de Hubert Zandberg; 11 abajo derecha, diseño de Frédéric Méchiche; 14 casa en Claverack, Nueva York, de Pamela Kline (de Traditions); 15 apartamento en Nueva York de Eric Mailaender (diseño de Resistance Design); 16 creación de Jane Churchill; 17 apartamento en Londres de Hubert Zandberg; 18 casa en Copenhague de Hanne Kjaerholm; 19 izquierda, casa en Roma de Diane de Clercq; 19 derecha, apartamento en Nueva York de Reed Krakoff (diseñado en colaboración con Pamplemousse Design); 20 diseño de Frédéric Méchiche; 21 casa en Shropshire de Rupert & Caroline Spira; 23 Neilama Residence, diseño de Ulla Koskinen; 24 apartamento en Nueva York de John Barman; 26 arriba, casa en Shropshire de Rupert & Caroline Spira; 26 abajo, casa en Provenza de Anna Bonde; 27casa en Upstate, Nueva York, de Chris Bortugno; 28 izquierda, Lounge, Londres, Ltd/Marian Cotterill Wallpapers; 28 derecha, apartamento en Nueva York de Denise Seegals (diseño de Sonja & John Caproni); 29 casa en Londres de Sera Hersham Loftus; 30 casa en Normandía de Emmanuel Renoird; 31 arriba, diseño de Frédéric Méchiche; 31 abajo, Walter Gropius House, propiedad de Historic New England (HistoricNewEngland.org); 32-33 casa en París de Dominique Picquier; 34 casa en Bruselas de Charles de Selliers; 35 casa en Bruselas de Agnès Emery; 36 casa en Catskill de Frank Faulkner; 37 apartamento en Nueva York de John Barman; 38-39 residencia Stark, Londres, diseño de Curtis Wood; 41 arriba izquierda, diseño de Jackie Villevoye; 41 arriba derecha, casa en Francia decorada por Yves Gastou; 41 centro izquierda, casa en Shropshire de Rupert & Caroline Spira; 41 centro derecha, casa en Londres de Josephine Ryan; 41 abajo izquierda, apartamento en Nueva Delhi de Agathe Gérin; 41 abajo derecha, apartamento en París de Katy Barker (diseño de Laurent Buttazzoni); 42 casa en Londres de Yvonne Sporre (diseño de J. F. Delsalle; 43 apartamento en Nueva York de Karim Rashid; 44 apartamento en París de Dominique Kieffer; 45 casa en Londres de Angela Carr (diseño de Azman Owens); 46 casa en Londres de Josephine Ryan; 47 arriba izquierda, residencia Weaving/Thomasson en Essex; 47 arriba derecha, casa en Londres de Fred & Helen Collin; 47 abajo izquierda, casa en Copenhague de Hanne Kjaerholm; 47 abajo derecha, casa en San Francisco de Anne Fourgeron; 48 Cola Red; 49 casa en Filadelfia de Glen Senk & Keith Johnson; 50 casa en Long Island de Tony Baratta; 51 casa en Upstate, Nueva York, de Chris Bortugno; 52-53 Walter Gropius House, propiedad de Historic New England (HistoricNewEngland.org); 54 apartamento en Londres de Dominique Lubar; 55 apartamento en Nueva York de Anthony Cochran; 56 Lounge, Londres, Ltd/Marian Cotterill Wallpapers; 57 casa en Londres de Maureen Paley; 58 Graham & Brown Wallpapers; 59 arriba, casa en Londres de David Carter; 59 abajo, casa en Londres de Yvonne Sporre (diseño de J. F. Delsalle); 60 izquierda, casa en Ghent, Nueva York, de Peter Franck & Kathleen Triem; 60 derecha, apartamento en París de Nicolas Vignot; 61 izquierda, casa en Catskill de Frank Faulkner; 61 derecha, apartamento en Nueva York de Ben Cherner & Emma O'Neill (diseño de Emma O'Neill); 62 residencia Fishman, Florida, (interiores de Wilson Stiles, Sarasota, Florida, arquitecto Guy Peterson FAIA); 63 apartamento en Nueva York de John Barman; 64-65 residencia Weaving/Thomasson en Essex; 66 arriba, casa en París de Nathalie Lété; 66 abajo, loft apartamento diseño de Ushida Findlay; 67 diseños de Keith Day y Peter

Sheppard; 68-69 diseño de Terry Hunziker; 70-71 Graham & Brown Wallpapers; 72 izquierda, casa en Normandía de Emmanuel Renoird; 73 Lounge, Londres, Limited/Marianne Cotterill Wallpapers; 74 casa en Provenza de Anna Bonde; 74-75 casa en Bel Air de Bob & Pam Levin (diseño de Lynn von Kersting); 75 residencia Weaving/Thomasson, Londres; 76 casa en Gloucestershire de Lena Proudlock; 77 Walter Gropius House, propiedad de Historic New England (HistoricNewEngland.org); 78 izquierda, residencia Springman Westover, Londres; 78 derecha, Neilama Residence (diseño de Ulla Koskinen); 79 diseño de Agnès Comar; 80 apartamento en Nueva York de Reed Krakoff (diseñado en colaboración con Pamplemousse Design); 81 izquierda, Walter Gropius House, propiedad de Historic New England (HistoricNewEngland.org); 81 derecha, residencia Shane/Cooper, Nueva York (diseño de 1100 Architects); 82 izquierda, casa Upstate, Nueva York, de Wingate Jackson Jr. y Paul Trantanella; 82 derecha, Walter Gropius House, propiedad de Historic New England (HistoricNewEngland.org); 83 apartamento en Nueva York de Eric Mailaender (diseño de Resistance Design); 84 diseño de Terry Hunziker; 86 izquierda, casa en Francia decorada por Yves Gastou; 86 derecha, casa en Londres de David Carter; 87 De Stad, Amsterdam, diseño de Next Architects; 88 derecha, casa en Normandía de Emmanuel Renoird; 88 izquierda, casa de Jackye Lanham; 89 apartamento en Nueva York de Vicente Wolf; 90-91 casa en Virginia diseño de Solis Betancourt; 93 arriba izquierda, apartamento en Nueva York de Vicente Wolf; 93 arriba derecha, casa en Bruselas de Agnès Emery; 93 centro derecha, casa en Nueva York diseño de Shelton, Mindel & Associates; 93 abajo izquierda, casa en Copenhague de Hanne Kjaerholm; 93 abajo derecha, diseño de Frédéric Méchiche; 94 creación de Jane Churchill; 95 apartamento en París de Nicolas Vignot; 96 izquierda, casa en Londres de Fred & Helen Collin; 96 derecha, apartamento en Nueva York de James Mohn & Keith Recker; arquitectura de James Mohn e interior diseño de Keith Recker & James Mohn; 97 arriba izquierda, diseño de Pierre d'Avoine Architects; 97 arriba derecha, apartamento en Londres de Harriet Maxwell Macdonald (diseño de Harriet Maxwell Macdonald de Ochre); 98 casa en Brooklyn, Nueva York, diseño de Ogawa Depardon Architects; 99 apartamento en Nueva York de Karim Rashid; 100 izquierda, apartamento en Londres diseño de Nigel Greenwood; 100 derecha, Alberdingh Thijmstraat, Amsterdam, diseño de Marc Prosman Architecten; 102 arriba, apartamento en Nueva York de John Barman; 102 abajo izquierda, casa en Pennsylvania de James Gager & Richard Ferretti; 102 abajo derecha, apartamento en Nueva York de Mark Badgley & James Mischka; 103 casa en Long Island de Tricia Foley; 104 casa en Yorkshire de Greville & Sophie Worthington; 105 residencia Robert Kaiser, Florida, diseño de Gene Leedy; 106 casa en Londres de Maureen Paley; 107 arriba, apartamento en. Londres de Baldassare La Rizza; 107 abajo, casa en Upstate, Nueva York, de Frank Faulkner; 109 derecha, casa en el noreste de Inglaterra de Carolyn van Outersterp (de CVO); 110 izquierda, casa en el noreste de Inglaterra de Carolyn van Outersterp (de CVO); 110 derecha, loft Penthouse en Nueva York diseño de Bruce Bierman Design Inc.; 111 apartamento en Londres de Harriet Maxwell Macdonald (diseño de Harriet Maxwell Macdonald de Ochre); 112 izquierda, residencia Robert Kaiser, Florida, diseño de Gene Leedy; 112 derecha, casa de Martin Harding (diseño de Audrey Matlock); 113 izquierda, casa en Bélgica de Mr. & Mrs. Boucquiau (diseño de Marina Frisenna); 113 derecha, apartamento en París de Katy Barker (diseño de Laurent Buttazzoni); 114 arriba, diseño de Michael Wolfson; 114 abajo izquierda, residencia Lincoln/Orum, Suffolk (interior de Angi Lincoln); 114 abajo derecha, casa en París de Dominique Picquier; 115 casa en Manhattan de Reed & Delphine Krakoff (diseño de Delphine Krakoff de Pamplemousse Design Inc.); 116 arriba, Walter Gropius House, propiedad de Historic New England (HistoricNewEngland.org); 116 abajo, casa en Yorkshire de Greville & Sophie Worthington; 117 apartamento en París de Dominique Kieffer; 118-119 casa en Bel Air de Bob & Pam Levin (diseño de Lynn von Kersting); 120 arriba, casa en Londres de Sera Hersham Loftus; 120 abajo, casa en París de Dominique Picquier; 121 apartamento en Londres diseño de Nigel Greenwood; 122-123 casa en París de Nathalie Lété; 123 casa en Londres de Sera Hersham Loftus; 124 residencia Weaving/Thomasson, Londres; 125 arriba, casa en Delhi diseño de Abraham & Thakore; 125 abajo, apartamento en Londres de Nathalie Hambro; 126 casa en París de Dominique Picquier; 127 izquierda, diseño de Stephen Sills & James Huniford; 127 derecha, apartamento en Bruselas de Alex van de Walle; 128 izquierda, apartamento en Nueva York de Vicente Wolf; 128 derecha, apartamento en Nueva York de Hunt Slonem; 129 apartamento en Nueva York de Reed Krakoff (diseño en colaboración con Pamplemousse Design); 130 apartamento en Nueva York de Hunt Slonem; 131 casa en Londres de Ann Mollo; 132 restaurante de Colette en The Grove, Hertfordshire, diseño de Fox Linton Associates; 133 casa en Filadelfia de Glen Senk & Keith Johnson; 134 casa en East Hampton de Jamie Drake; 135 izquierda, Malcolm Carefree & Denise Figlar; 135 derecha, casa en Bruselas de Charles de Selliers.

Agradecimientos

Ha sido un placer escribir un libro dedicado a la casa vintage; un estilo económico, divertido y de gran actualidad, perfecto para hoy día. ¡Así que gracias, Jacqui y Jo, por pedirme que lo escribiera! Muchas gracias a Hilary por su espectacular edición; a Ash y Nadine por un diseño y unas fotografías inspiradores, y a Lesley por su gran apoyo. Gracias, Anthony, Cicely y Félix, por vuestros inquebrantables ánimos. Y gracias a mis padres, Harry y Ann, que me enseñaron a no tirar nunca, sino a rescatar, renovar y disfrutar valiosos tesoros del pasado.